Emil Baehrens

Unedirte lateinische Gedichte

Emil Baehrens

Unedirte lateinische Gedichte

ISBN/EAN: 9783743669185

Hergestellt in Europa, USA, Kanada, Australien, Japan

Cover: Foto ©Thomas Meinert / pixelio.de

Weitere Bücher finden Sie auf **www.hansebooks.com**

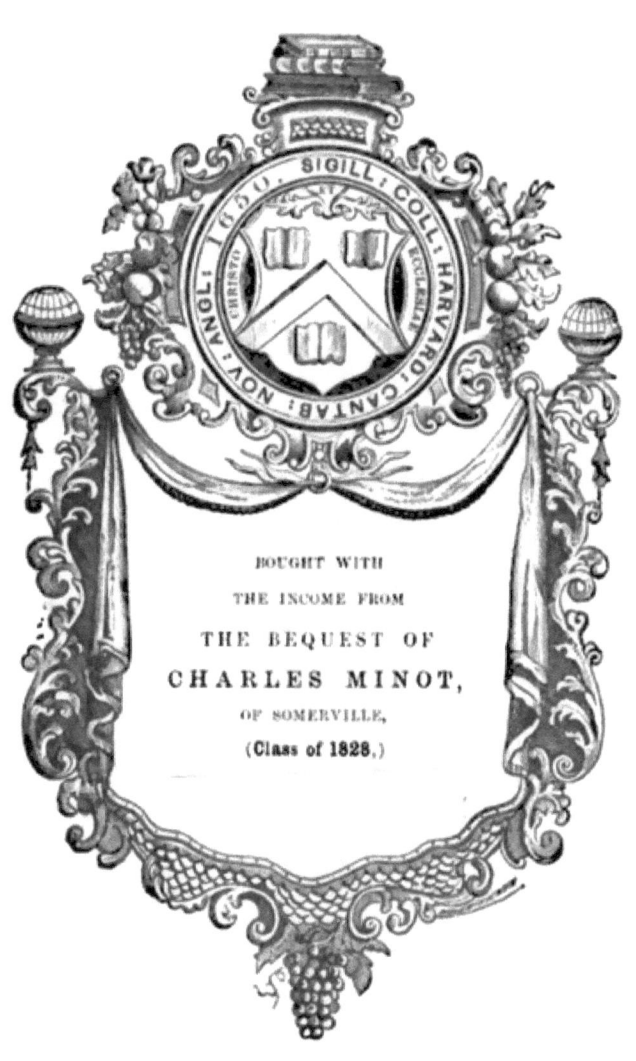

UNEDIRTE LATEINISCHE GEDICHTE.

VON

EMIL BAEHRENS.

LEIPZIG,
DRUCK UND VERLAG VON B. G. TEUBNER.
1877.

Vorwort.

Die in diesem Schriftchen mitgetheilten Inedita sind entnommen dem einst im Besitze von Peutinger befindlichen codex Harleianus 3685 chart. saec. XV. Eine genaue Inhaltsangabe desselben brachte vor wenigen Monaten E. Dümmler in der Zeitschrift für deutsches Alterthum, N. F. IX, S. 84. Die Handschrift enthält eine grosse Anzahl von älteren christlichen und karolingischen Poemen; mitten zwischen ihnen, zwischen den 'uersus Bedae de die iudicii' und den 'uersus Hudulfi episcopi', finden sich einige Stücke eingefügt, welche bei Dümmler also charakterisirt sind: *f. 21 v. Inc. egritudo perdicae: Dic mihi parue puer nunquam tua tela quiescant. f. 25 v. Inc. uersus Teberiani: Amnis ibat inter herbas. 26 Inc. uersus Sogratis philosophi: Aurum quod nigri manes quod turbida uersant. 26 v. Inc. discriptio de auicula: Ales dum madida grauata pennis.* Als ich diese Zeilen las, ward mir sofort klar, dass wir es hier mit einigen durch Zufall in eine fremde Umgebung gerathenen Bruchstücken altklassischer Poesien zu thun haben; unter 'Teberianus' konnte sich kein Anderer verbergen als der aus der lateinischen Anthologie bekannte Tiberianus, welchem ich auch die 'uersus Socratis philosophi' mit Rücksicht auf eine Stelle des Servius sofort glaubte zuweisen zu müssen. Ich wandte mich daher an den bekannten Palaeographen E. M. Thompson, dessen Liebenswürdigkeit ich schon 1875 in London hatte schätzen lernen, mit der Bitte, eine Abschrift der bezüglichen Stücke anfertigen zu lassen. Er hatte die Güte, sich selbst dieser Arbeit zu unterziehen: am 22. März gelangte die Copie in meine Hände.

Ich halte die neugewonnenen Gedichte für interessant und wichtig genug, um sie ohne Verzug der philologischen Welt zugänglich zu machen. Freilich werden diejenigen, welche auf den 'umbrischen Müllerknecht' und 'die semitische Betriebsamkeit des halbirten Menander' mit Geringschätzung herabblicken, nur ein vornehmes Naserümpfen für jene spätgeborenen Sprösslinge der daunischen Camene haben. Glücklicherweise bildet diese Sorte von Philologen noch die Minderzahl; die Meisten werden sich über die wenngleich geringe Bereicherung unseres Wissens freuen. Ich habe mich bemüht, einen lesbaren Text zu geben, und einige Wochen das Vergnügen gekostet, welches dem Kritiker die Bearbeitung eines noch unentweihten, man möchte sagen, jungfräulichen Textes gewährt; aber weit bin ich davon entfernt, meine Recension als eine abschliessende zu betrachten: der Scharfsinn der Gelehrten wird hier noch Manches zu erledigen finden.

Jena, d. 6. April 1877.

Emil Baehrens.

I.

DAS EPYLLION 'AEGRITUDO PERDICAE'.

Von dem in unnatürlicher Liebe entbrannten Perdiccas berichtete in deutlicher Weise unter den lateinischen Dichtern bisher einzig der kürzlich ans Tageslicht gezogene Dracontius in seinem Epyllion Hylas, in welchem v. 36 ff. Amor zur Venus spricht:

> 36 Siue, parens, optas homines his ignibus ustos
> Inlicitos templare toros, ut non pia patris
> Oscula nata petat nec natus matris amator
> Dulce nefas stupeat frater uitietque sororem
> 40 Priuignoque suo potiatur blanda nouerca:
> Alter erit Perdica furens atque altera Myrrha,
> Iuppiter alter erit terris de fratre maritus.
> Parua loquor. tauro, si iusseris, altera regis
> Flammetur coniux, reddetur et altera Phaedra.

Freilich ist diese Stelle in einem solchen Grade corrumpirt, dass wir für die uns interessirende Frage, zu wem Perdiccas in unnatürlicher Liebe entbrannte, keinen sicheren Aufschluss gewinnen. Das Natürlichste wird sein, wie 'Myrrha' auf die nata, so 'Perdica' auf den natus zu beziehen, nicht auf den priuignus, zumal in v. 40 die nouerca die Hauptperson ist; indessen lässt sich dies erst dann mit Sicherheit entscheiden, wenn aus anderweitigen Zeugnissen über die Person und Geschichte des Perdiccas keine Zweifel mehr obwalten.

Das Verdienst, über Perdiccas Licht verbreitet zu haben, gebührt Erwin Rohde, welcher in seinem Werke 'der griechische Roman und seine Vorläufer' (Leipzig, 1876, S. 54) gezeigt hat, dass in der Erzählung von Perdiccas eine Variation der bekannten Sage vorliegt, wonach der berühmte Arzt Erasistratus die verborgene Liebe des Antiochus zu seiner Stiefmutter Stratonice an dem lebhafteren Herzschlag des Patienten beim Eintritt der Geliebten ins Krankenzimmer entdeckte. Rohde verwies dafür auf die dem Soranus zugeschriebene Biographie des Hippokrates [Βιογράφοι ed. Westermann p. 449 ff.], wo es § 2 heisst: τὴν δὲ σύμπασαν Ἑλλάδα (Ἱπποκράτης) θεραπεύων ἐθαυμάςθη, ὥςτε καὶ ὑπὸ Περδίκκα τοῦ Μακεδόνων βαςιλέως φθιςικοῦ νομιςθέντος παρακληθέντα δημοςίᾳ πρὸς αὐτὸν ἐλθεῖν ... καὶ cημειώcαcθαι ψυχῆς εἶναι τὸ πάθος. ἦρα γὰρ μετὰ τὸν τοῦ πατρὸς Ἀλεξάνδρου θάνατον Φίλας τῆς παλλακίδος αὐτοῦ. πρὸς ἣν δηλώcαντα τὸ γεγονός, ἐπειδὴ παρεφύλαξε ταύτης βλεπομένης παντελῶς ἐκεῖνον τρέπεςθαι, λῦcαι μὲν τὴν νόςον, ἀνακτήςαςθαι δὲ τὸν βαςιλέα. — Kurz spielt auf die Sache au Lucianus [de hist. conscrib. 35], welcher in offenbarer Confusion mit Stratonice von der Stiefmutter des Perdiccas redet.

In den Worten des Pseudosoranus ist die möglicherweise historische Grundlage der Erzählung gegeben. Die spätere Zeit ging weiter: sie liess den Perdiccas statt des Kebsweibes seines Vaters die eigene Mutter lieben. Das lässt schon Dracontius ahnen; ausdrücklich aber wird dies bestätigt durch den bisher nicht herangezogenen Fulgentius, welcher im dritten Buche seiner Mythologica [Fab. II, p. 105 ed. Muncker] schreibt: 'Perdicam ferunt uenatorem esse. qui quidem matris amore correptus, dum utrimque [?] et inmodesta libido ferueret et uerecundia noui facinoris reluctaretur, consumptus atque ad extremam tabem deductus esse dicitur'. Freilich nur die nackte Thatsache der Liebe zur Mutter ist dem Fulgentius bekannt; weder spricht er von Hippokrates noch weiss er Sicheres über die Person des Perdiccas; er verwechselt ihn mit dem Neffen des Daedalus, Perdix, welchem die Sage die Erfindung der Säge zuschrieb. Als Namen der Mutter führt er weiterhin 'Polycaste' an, was ihm zu einer seiner abenteuerlichen Mythendeutungen Veranlassung gibt. — Des Fulgentius Worte haben ausgeschrieben die Mythographi Vaticani I und II [p. 81 und 133 ed. A. Mai].

Die Polycaste des Fulgentius ruft ins Gedächtniss ein Epigramm des Claudian [Nr. XIX, p. 686 f. Gesn.], welches lautet:

De Polycaste et Perdice.

Quid non saeuus amor flammarum numine cogat?
  Sanguinis affectum mater amare timet.
Pectore dum niueo puerum tenet anxia nutrix,
  Illicitos ignes iam fouet ipsa parens
Ultrices pharetras tandem depone Cupido.
  Consule iam Venerem: forsan et ipsa dolet.

Ich zweifle nicht, dass die Handschriften im Titel statt des 'Perdice' der Ausgaben vielmehr 'Perdica' bieten. Gesner zog zur Erklärung der Verse eine Stelle des Hieronymus [epist. ad Vital. tom. IV, fol. 33 ed. Basil.] heran, wo es heisst: 'Audiui (domino teste non mentior), quaedam muliercula cum exposititum nutriret infantem et instillaret cibos ac nutricis officio fungeretur cubaretque cum ea paruulus, qui usque ad decimum annum iam peruenerat, accidit ut plus quam pudicitia patitur se mero ingurgitaret accensaque libidine obscenis motibus ad coitum duceret infantem. primo ebrietas, alterius noctis et ceterarum deinceps fecit consuetudinem. necdum duo menses fuerant euoluti, et ecce feminae uterus intumuit'. Auf diese Begebenheit, glaubt Gesner, spiele Claudian an. Aber zwischen dem Weibe, welches ein ausgesetztes Kind aufzieht, und der Mutter, welche 'sanguinis affectum amare timet', liegt, wie mir scheint, ein Unterschied. Das Epigramm kann sich wohl nur auf den Perdiccas der Sage beziehen; und wir ersehen jetzt, dass Fulgentius den Namen der Mutter nicht erfunden, sondern der späteren Tradition entnommen hat.

Dass die Perdiccassage mehrfach zum Gegenstande dichterischer Behandlung gewählt worden ist, darf man sowohl aus Dracontius als auch insbesondere aus einem Stücke der lat. Anthologie [220 R.] schliessen. Dasselbe lautet:

De Perdicca.

Eximius Perdicca fuit, qui corpore eburno
Fulgebat roseisque genis, cui lumina blanda*)

---

*) 'blanda' der Salmasianus: 'blandas' die übrigen codd.

Fundebant flammas, crocei per colla capilli
Pendebant uariosque dabant sibi saepe colores.
Fuluus poples erat, niueus pes. omnia habebat,
Quidquid auet iuuenis*): solus uincebat Adonem.

Es stehen die Verse inmitten von Gedichten 'de Narcisso' und 'de Cupidine', wodurch die etwaige Annahme, als werde in jenen ein Zeitgenosse des Dichters verherrlicht, widerlegt wird: ohne Zweifel haben wir es mit dem mythischen Perdiccas zu thun. Freilich sind jene Verse kaum ein selbständiges Gedicht, sondern entweder der Anfang eines umfangreicheren Epyllion oder aus einem solchen herausgenommen.

Durch die 'Aegritudo Perdicae' des codex Harleianus erfahren wir Genaueres über die Gestaltung der Erzählung von Seiten der späteren Dichter. Individuelle Laune mag es sein, wenn der Verfasser nach beliebter Weise den Perdiccas das Opfer der erzürnten Venus sein lässt; aber in Uebereinstimmung mit der späteren Formation der Sage ist es, wenn Perdiccas in Leidenschaft für die leibliche Mutter entbrennt, welche der Dichter (wohl wiederum aus eigener Freiheit, wenngleich mit einem Anklang an den sonst überlieferten Namen Polycaste) Castalia nennt. Ferner erkennen wir jetzt, dass die wunderbare Diagnose des Hippokrates einen Hauptplatz in der Darstellung einnahm; wie denn allerdings die Ausschmückung dieser Thatsache dem Dichter willkommene Gelegenheit, seine Kunst zu zeigen, bot. Endlich wird durch das neue Gedicht die Nachricht des Fulgentius bestätigt, wonach Perdiccas von seiner Krankheit nicht genesen, sondern einem schweren Siechthum und traurigen Ende anheimgefallen ist. Es war dies nothwendige Folge, nachdem einmal an Stelle der Maitresse des Vaters die leibliche Mutter getreten war. Und auch diese Umwandlung der ursprünglichen Erzählung gab dem Dichter die wirksamsten Motive an die Hand.

---

*) So habe ich geschrieben: 'nitidus ('niditus' Sahn.) pes' codd. Sodann bietet der Sahn. 'omnia habebat ridens Quid habit iuuenis'; vergl. meine Bemerkung in Fleck. Jahrb. 1873, S. 62.

Soviel über die Sage selbst. Doch ehe wir weiter gehen, möge es gestattet sein, die Stelle des Dracontius, von welcher ausgegangen wurde, nach der jetzt gesicherten Erkenntniss des Perdiccasmythus kurz zu erledigen. Der 'Perdica furens' kann sich nur auf die Worte 'nec natus matris amator dulce nefas stupeat' beziehen. Sind nun drei Kategorien von in unnatürlicher Liebe entbrannten Menschen (Sohn, Tochter, Bruder) in v. 41 und 42 exemplificirt, so muss auffallen, dass die nouerca leer ausgegangen ist. Dazu erregen die Worte v. 42 'Juppiter alter erit terris de fratre maritus' Anstoss: so passend sonst Juppiter als 'terrae maritus' bezeichnet wird, so unschicklich ist dies hier, wo es sich nur um seine Schwester Juno handelt. Zu noch grösserem Erstaunen geben v. 43, 44 Veranlassung, in welchen gezeigt wird, dass die vorherigen Beispiele noch unbedeutend seien, dass Amor die Menschen sogar ins liebe Vieh sich verlieben lassen könne. Dabei hat aber Phaedra absolut nichts zu schaffen; sie ist vielmehr jene in v. 41, 42 vermisste nouerca. Fasst man diese drei unleugbaren und auch dem Dracontius nicht aufzubürdenden Verstösse zusammen, so ergibt sich als einziger Ausweg aus allen Schwierigkeiten folgender. Ein Abschreiber muss die Schlusstheile der Verse 42 und 44 umgestellt haben, was zur Folge hatte, dass die ursprünglichen Worte von v. 44 durch Interpolation ihrer jetzigen Stelle angepasst wurden. Dracontius mag v. 41—44 etwa so geschrieben haben:

Alter erit Perdica furens atque altera Myrrha,
Juppiter alter erit, reddetur et altera Phaedra.
Parua loquor. tauro, si iusseris, altera regis
Flammetur coniux Cretis iungatque maritum.

Jetzt werden die vier Species frevelhaft liebender Menschen durch vier passende Beispiele illustrirt und erhält überhaupt Alles seine Richtigkeit. — 'Cretis' halte ich für eine sichere Verbesserung; für 'iungatque' lässt sich auch Anderes ersinnen.

Ich kehre nach dieser Digression zu unserem Epyllion zurück. Es entsteht die Frage, welcher Zeit die 'Aegritudo

Perdicae' zuzuweisen ist. Diese Frage beantwortet sich im Allgemeinen ohne grosse Schwierigkeit. In neuerer Zeit sind wir durch die Auffindung der ‚Orestis tragoedia und namentlich der kleineren Gedichte des Dracontius in den Stand gesetzt, jene letzte Zeit des Alterthumes, in welcher die lateinische Poesie in Africa nochmals für eine kurze Dauer aufblühte, richtiger beurtheilen zu können. Als ein Vorläufer dieser Zeit mag der geniale Alexandriner Claudian gelten, den z. B. Dracontius mehrfach nachgeahmt hat.*) Aber ihre eigentlichste Pflegestätte fand in Africa die Dichtkunst etwa von der Mitte des fünften Jahrhunderts an zu Carthago, welches unter der Herrschaft der die Künste und Wissenschaften meist begünstigenden Vandalenkönige einen glänzenden Aufschwung nahm. Ein wie reges litterarisches Treiben sich damals dort entfaltete, lehrt uns vor Allem die Anthologie des codex Salmasianus, welcher wir die Bekanntschaft so mancher Dichterlinge jener Periode verdanken. Einen direkten Beweis dafür liefert auch Florentinus in seinem Lobgesange auf Thrasamund und Carthago [A. L. 376, v. 32], wenn er sagt:

Carthago studiis, Carthago ornata magistris.

Es ist eine stattliche Reihe von Poeten, welche in jener Epoche blühten: Coronatus, Dracontius, Felix, Florentinus, Luxorius, Modestinus, Pentadius, Regianus, Reposianus,**) Vincentius, der Verfasser der Orestis tragoedia u. A. m. Fast alle diese Dichter haben nicht nur in der Behandlung der mit Vorliebe gewählten mythologischen Stoffe (namentlich erfreuen sich

---

*) Dies ist bisher nicht beachtet worden. Man vergl. aber Dracontius, Hylas 76 'sic currit mentis acumen' mit Claudian, Rapt. Pros. II 201 'non leue sollicitae mentis discurrit acumen'; Hylas 71 'Iret adhuc in uerba dolor, ni pinniger audax' mit Bellum Gildonicum 201 'Iret adhuc in uerba dolor, nisi Iuppiter alto' und Anderes mehr.

**) Den Reposian und Andere rückt Teuffel [R. L. G. S. 930³] wohl allzu freigebig in die Zeit des Lactantius hinauf; sie sind meines Erachtens als Zeitgenossen des Dracontius zu betrachten.

Venus und Amor ihrer Verherrlichung), sondern auch in ihren sprachlichen, metrischen und prosodischen Eigenheiten eine durchgehende Familienähnlichkeit, sodass, wer seinen Blick dafür geschärft hat, ein neues Mitglied dieser Gesellschaft leicht erkennt. Man wird diese Aehnlichkeit zurückführen dürfen auf die Tradition einer bestimmten Schule und vielleicht nicht zuweit gehen, wenn man als den Stifter dieser Dichterschule den von Dracontius [Ged. I und III] laut und warm gepriesenen Felicianus bezeichnet, welcher nach der Aussage seines Schülers und Verehrers [Ged. I, v. 13] Carthago 'fugatas litteras reddidit'; in welchen Worten vielleicht eine Anspielung auf die Zeit des Genzericus liegt.

Dem Kreise der oben Genannten gehört auch der Verfasser des Epyllion 'Aegritudo Perdicae' an. Manches, worin er den Gedanken oder dem Ausdrucke nach mit den afrikanischen Dichtern sich berührt, habe ich in den Noten zusammengestellt; Anderes lässt sich ohne Mühe hinzufügen. Was Metrik und Prosodie anbelangt, so ist der Dichter, wie mehr oder weniger alle seine Zeitgenossen, in den Elisionen von grosser Strenge; er hat sie (um von in den in 'm' auslautenden Worten und der Verschleifung mit 'est' abzusehen) nur bei kurzen Vokalen angewandt; denn die beiden einzigen Beispiele von elidirten langen Vokalen [v. 18 und 95] lassen sich unschwer durch Conjektur entfernen. Ebenso befleissigt er sich löblicher Strenge in den Caesuren, von denen er nur die drei gangbaren und mustergültigen kennt. Tadel dagegen verdient seine (wie übrigens auch seiner Zeitgenossen) Gleichgültigkeit gegen die Quantitäten, in welchem Punkte er sich viel erlaubt. Auch hierfür findet man das Nöthige in den Noten verzeichnet.

Bei aller Uebereinstimmung im Allgemeinen finden sich zwischen der 'Aegritudo Perdicae' und einem der gleichzeitigen dichterischen Produkte keine Aehnlichkeiten solcher Art, dass wir aus ihnen auf einen gemeinsamen Verfasser schliessen könnten; man muss darauf verzichten, den Namen des Dichters zu eruiren.

Die Herausgabe spätlateinischer Dichtertexte hat bekanntlich manche Schwierigkeiten durch den Umstand, dass es oft schwer fällt zu entscheiden, ob die Härten und Sonderlichkeiten den Verfassern oder den Abschreibern zuzuschreiben sind. Im Ganzen wird man gut thun, unter strikter Observation der für die spätere Zeit allgemein gültigen Ausnahmen und unter Berücksichtigung auch der individuellen Eigenthümlichkeiten nie zu vergessen, dass jene Epigonen zwar in Sachen des Geschmackes und der Bildung entartet sind und man daher an ihre Bilder- und Gedankenwelt keine zu hohen Ansprüche stellen darf, dass sie hingegen in formaler Hinsicht sich meist an die sorgsamst studirten klassischen Muster hielten und man also nach dieser Seite hin ihnen in streitigen Fällen besser zuviel als zuwenig zutrauen wird. Und wie sehr die Texte auch dieser Dichter unter den Händen unwissender Copisten gelitten haben, kann (wenn es noch nöthig ist) das zu veröffentlichende Gedicht zeigen. Nicht nur hat der Schreiber des Harleianus oft die sinnlosesten Worte hingeschrieben, sondern es ist auch in der alten Handschrift, woraus jener das Stück nahm, von einem halbwissenden Mönche zuweilen in der crassesten Weise interpolirt worden; ein instruktives Beispiel dafür bietet v. 147 f.

In der nun folgenden Ausgabe sind die Lesarten des Harleianus stets in Cursivschrift in den Noten verzeichnet. die übrigen Bemerkungen beschränken sich meist darauf, in sprachlicher und metrischer Hinsicht das Nöthige an die Hand zu geben.

---

fol. 21 b   AEGRITVDO PERDICAE.

Dic mihi, parue puer: numquam tua tela quiescant?
Non sat erant frondes, non undae nec fera nec fons?

Incipit egritudo perdicae. Die Form 'Perdica' mit einem 'c' findet sich stets im Harleianus, bei Dracontius, Fulgentius (Ausgaben) und in den codd. Thuaneus und Vossianus Anth. Lat. 220; 'Perdicca' geben bei Mai die Mythogr. Vatic. und in der Anth. Lat. der Salmasianus. — Für 'quiescant' zu vermuthen 'quiescent', ist überflüssig. Die afrikanischen Dichter setzen häufig den Conjunktiv statt des Futurum: vgl. z. B. Dracontius, Hyl. 32 f. — 2. *satcrant.*

Non Satyrus, non taurus amans, non ales et imber?
Non tristes epulae, post quas petit aera Tereus?
5 Hoc tibi restabat postremum, saeue Cupido,
Quod dirum in matris iuuenem conpellis amorem!
Muta, precor, flammas alioque intende sagittas.
Quid possit nosti pietas et perfida mater,
Est Paphiae quam triste deae marcere furore.
10 Claudite nunc animos miserandaque pectora, matres,
Nec scelus hoc uestras iteratum polluat aures,
Ne uos sollicitas temtet dolor iste nefandus
* * *
Viderit ac simili poena commissa recuset.
Namque omnes superos et cetera templa deorum
15 Ture pio sacroque mero uotisque colebat,
Oblitus Veneris puerique oblitus Amoris.
Hinc offensa dea est, haec diri causa furoris;
Hinc quoque partus amor redeunti ad tecta parentum,
Infelix Perdica, tibi; nam nuper Athenas
20 Venerat et studiis animos praebebat et aures;
Hinc quoque regreditur matris periturus amore.

3. *satirus* und *alis* — 4. *per quas.* Vgl. Nemesian, Cyneg. 33f.: 'Miratumque rudes se tollere Terea pinnas post epulas, Philomela, tuas'. — *aera ethereus;* vielleicht 'aethera Tereus'. — 5. *Hoc ubi testabat.* — 6. *At dirum.* — 7. 'Mutā'; vergl. 238 'certā'. Aehnliches gibt L. Müller, d. r. m. 341. Vergl. noch bei Vincentius (Anth. Lat. 279) 13 'negāture', 20 'rogātura'. — *aliasque.* — 9. 'Est', wofür man leicht 'Et' vermuthen könnte, darf nach 'possit' nicht auffallen; dieser Wechsel der Modi in indirekten Sützen findet sich schon bei Früheren. Vergl. bei Dracontius V, 86; X, 536. — *triste decus arcere furorē.* — 10. *matris.* — 11. *iterato pollulat;* 'iteratum' = 'narratum'. — 12. *Neue sollicitas.* — Ohne Zeichen der Lücke die Handschrift. — 13. *recussit.* — 14. *et terrat templa.* — 15. *Tu te pro sacroq;* — 16. *oblitus amore.* — 17. *haec duri.* — 18. *redeunte.* Vielleicht, um die für diesen Dichter harte Elision zu vermeiden, 'redeunti tecta' — 19. *Infoelix perdica perdica tibi n. n. aethenas.*

Infelix qui Cecropias nunc deserit arces,
Iam praeda est Veneris, iam flammis atque sagittis
Armatus tenuit seruans iter omne Cupido.
25 Lucus erat uariis in frondibus undique saeptus,
Quem Phoebi luctus Dafne diffusa tenebat
Et myrtus Paphies, speciosi testis Adonis,
Erigiturque solo fundens sua brachia pinus
(Hac Frygius pastor spernens in amore Cybeben *fol. 22.*
30 Desertusque uiro per tympana plangitur Attis);
Fonsque riget medio tota per gramina lapsus;
Illic dispersi flores mixtique colores
Ostendunt, Veneris quis amor. nam candidus illic
Flos Narcissus amat ueteris uestigia fontis
35 Et rosa purpureum spargens per prata ruborem,
Seu Veneris cruor est seu flamma Cupidinis ista
(Nescio, sed gratus memini quia seruit amori);
Hunc lucum Filomela tenet: circumuolat alis

---

22. *cecropeas.* — 24. *Arma tn̄* (= *tamen*) *tenuit*, worin *tamen* selbst für unseren Dichter unerträglich ist. Vergl. z. B. Quintilian II, 4, 26: 'cum (praeceptores) quaerere atque exsequi iuberent, cur armata apud Lacedaemonios Venus et quid ita crederetur Cupido puer atque uolucer et sagittis ac face armatus'. — 25. Besser 'uariis en frondibus'. Eine ähnliche Beschreibung eines Haines bei Reposian 33 ff. — *septus.* — 26. *Quae phebi solus;* eine schwierige Stelle, an welcher sich ausser 'luctus' noch Manches (wie 'truncus = arbor') conjiciren lässt. — *dafnae difussa.* Ich habe 'f' statt 'ph', wo die Handschrift es bot, gelassen; darin mögen in den späteren Zeiten die Schriftsteller selbst geschwankt haben. — 27. *mirtus* und *tectis.* — 28. *Egrediturq;* — Zu 'pinus' vergl. Ovid, Metam. X, 103 ff. — 29. *Hanc frigidus p. s. i. a. debe.* — 30. Besser 'Desectusque uirum'; vergl. Lucan X 133 'ferro mollita iuuentus Atque execta uirum'. — *plim pana.* — ob *attis* oder *altis*, unklar. — 31. *Fons que regit m. nota p. g. lapsa.* Vielleicht 'Fonte riget m. t. p. g. lapso'. Für 'totā' vergl. die Note zu v. 105. — 33. *quid amor.* — 34. *ueneris.* — 35. *roborem.* — 37. *gratum.* — 38. *locum filo mella.*

Et dulcis queritur fetus suspensaque ramo

* * *

40 Lucus Amoris: erat delapsus *ab* aethere pinnis;
Namque illi conquesta Venus mandauerat ignis.
Paruit imperio matris pharetramque sagittis
Plenam fundit humi tollitque e pluribus unam
'Hoc telum est' dicens 'olim quo Iuppiter auro
45 Decidit et Danaen fuluo conpressit amore'.
Ast aliud tollit: 'Ledam hoc quo cygnus amauit,
Antiopam Satyrus tenuit. iam fessa sagittast.
Quo, Perdica, tibi calamo firmemus amorem?
Vulnera iam nostrae ueteres fecere sagittae;
50 Nunc noua uisenda est'. dixit riuumque secutus
Quaerit arundineas scrutatus limite siluas.
Nec mora longa deo est: namque obuia uenit arundo,
Quam puer excissam totis radicibus aufert.
Et primo mollis eradit pumice libros,
55 Post uolucri cupiens fibras flammare sagitta
Pinnam de propriis ardentibus abscidit alis
Et religat cera, possit quo cera tenere
Quod temptabat opus; et Amoris pluma calebat.

---

39. *quaeritur.* — Ohne Zeichen der Lücke die Handschrift; ohne Zweifel ist diese Lücke mit der nach v. 12 in Verbindung zu bringen: in dem alten Codex, aus welchem das Gedicht in den Harleianus kam, war der obere Theil eines Blattes abgeschnitten oder stark lädirt. — 40. *ab* fehlt. — 41. *illa*. — 42. *pharetaq;* — 44. *H. telo e. d. solim;* vergl. übrigens Dracontius, Medea 146 ff. — 45. *danae.* Zu beachten ist, wie häufig schliessendes 'm' oder 'n' ausgefallen: vergl. v. 29, 42, 46, 47, 83, 110, 112, 172. — 46. *leda hoc quod cignus amabit.* — 47. *Antiopasatorus* und *sagittas.* — 48. *Operdica.* — 49. *uetera fecere.* — 50. *riuaumq;* Man sehe für den Gedanken der ganzen Stelle Reposian 48 f. — 52. *mora nota deo.* — 53. *Quem puer excussam tutis.* — 55. *cupiens uibra librare sagitta.* — 57. *relegata cera p. quoq; cera.* 'tenere' steht hier für 'optinere'. — 58. *Quo temptabat* und *celebat*.

Iam sol emenso radios librauerat ortu
60 Atque diem sexta magnum discreuerat hora:
Omnia per terras animalia fessa calore
Sideris aestiferi frondis sub tecta subibant.
Ad lucum Perdica uenit fessusque labore
Inriguas respexit aquas lymfasque rigentes
65 Umbriferumque nemus, mixtos per gramina flores.
Ingressus postquam est lucos Perdica rigentes, *fol. 22 b.*
Talibus est uerbis socios aut uoce secutus:
'O socii, uestro iustum si corde uidetur,
Defessos artus ac membra calore grauata
70 Hic poterit releuare locus: nam frigida fontis
Vena fluit, flores sunt hic, *hic* dulcia prata'.
Heu, Perdica, grauis aestus radiosque micantes
Solis te fugisse putas lucosque petisse
Ignauos: intus grauior tibi flamma paratur!
75 Sic postquam fatus, fusi per gramina terrae
Accipiunt epulas et dulcia dona Lyaei,
Post somno reparant uires. tunc aliger ille
Paruit officio mutatoque ore Cupido
79 Castaliam reddit Perdicae nomine matrem

59. *sole menso radiis libraucrat orbe.* — 60. *sextam agnū discr. ortā.* — 62. *estiferi frocidi* (oder *frondi*) *sub.* — 63. *Ad locum*. Vielleicht 'fessusque calore'; denn daran, dass v. 61 'fessa calore' vorhergeht, ist bei unserem Dichter kein Anstoss zu nehmen. — 64. *Infimas r. a. nimfasq; regentes.* Viell. 'recentes'? — 67. *sotios*. Die nämliche Abundanz des Ausdruckes in der Orestis trag. 460 'euomit in gemitus uoces et uerba doloris'. Für 'aut' vergl. v. 125. — 68. *sotii.* — 69. *hace membra.* — 70. *fontes.* — 71. *sunt hic dulcia.* — 72. *estus.* — 73. *Sol iste f. putos.* — 74. *Ignoras intus tibi grauior fl.* — 75. *factus.* — 76. *aepulas* und *dona leti*. Vielleicht 'et Iacchi dulcia dona'? — 77. *somnos rep. uire.* — 78. *mutaturq; ore.* Entweder wie oben oder 'mutatusque ora'. — 79. *Perdice reddit castaliam n. m.* — 'The rest of the page taken up with lines from near the end of the poem copied in the Ms. by error in this place and erased' bemerkt Thompson. Der

81 Atque suo iuuenem confodit pectora telo;
80 Complexusque dedit per somnia tristia imago.   *fol. 23.*
85 Matris enim miserae caros dinoscere uultus
86 Non poterat, quam paruus adhuc dimiserat olim,
87 Cum peteret diuae doctissima tecta Mineruae.
92 Sed quotiens iuuenis menti mutata figura est
93 Vel quotiens pulsante deo noua forma secuta est

* * *

82 Qui postquam somno miser est deceptus acerbo,
83 Ardet in incestum pueri stimulante figura;
84 Ingrediturque suae regalia limina matris.
88 Continuo natum famulae uenisse parenti
89 Castaliae dixere suum: pietatis honore
90 Illa memor tanti uenienti est obuia facti,
91 Oscula quoque dedit materni plena doloris.
94 Quam miser ut uidit, suscepit uulnera cordis:
95 Haesitat, insano obstipuit deceptus amore.
  'Heu, ego quam uidi per somnia tristia demens,
  Mater erat? haut ista tibi parentis imago

Schreiber mag durch diesen Irrthum die Corruption des Folgenden veranlasst haben; jedenfalls ist dieses in starker Verwirrung und auch lückenhaft. Perdiccas erkennt im Traume noch nicht seine Mutter wieder; daher sein Erschrecken später V. 96 ff. — 81. *Et suo i. confudit.* — 80. *tristis imago.* — 85. *Matris et in misere care.* — 87. *templa minerue.* — 92. *iuuenis mutata mente fig. e.* — Nach 93 keine Lücke in der Handschrift. — 82. *aceruo.* — 83. *incestu puero simulante figura.* Die oben gegebene Schreibung halte ich für besser als etwa 'puero simulante figuram'. — 84. *regali alimina.* — 89. *Castalie dixisse suū*, in schlechter Adsimilation an das vorhergehende 'uenisse'. — 90. *memoranti.* Viell. 'memor nati u. e. o. facta'? — 91. *quaeque*; 'quōque' auch v. 109; so auch Dracontius, Rapt. Hel. 637, Med. 439. — *maternae.* — 94. *uulneris ora.* Man könnte auch an 'uulneris ictus' oder Aehnliches denken. — 95. *Hesitat.* Besser 'insano stipuit'; vergl. Orestis trag. 699 'securi stipuere rei'. Viell. 'correptus amore'? — 96. *Sed ego q. u. quae somnia.* — 97. *erat aut i. tibi paretur im.*

Est, sed caeca . . . .
Nam fari scelus est, *est* admissi quoque crimen'.
100 Talia constanter secum Perdica locutus.
Sed nox umbriferis per caelum roscida pinnis
Presserat aerios fugientis solis honores
Cunctaque per terras animalia pressa sopore:
Solum te dulci numquam, Perdica, quieti
105 Tradidit ardentis ardentia lumina flammans.
Nox ipsi maesta *est*: uigilat metuitque tepetque,
Suspirat numquam requiem daturus amori.
Omnia fessa donat caelestia sidera somnus,
Flumina quoque tenet nec non maris imperat undis,
110 Corpora uel modicam compellat adire quietem:
Pro dolor! hoc scelus est soli uigilantis amori.
Tunc quoque Perdicam *diro* premit igne Cupido,
Ut possit refferre uicem. nam fulmine tactus

98. Der Rest der Zeile frei. — 99. *scelus est admissi*. —
101. 'Sed' verdächtig; vielleicht 'Iam'. — 102. *Praesserat*;
vielleicht 'aetherios'. Denn die gewöhnliche Ansicht, dass
sich 'aer, aerius' (bei Späteren namentlich) für 'aether, aetherius' finde, ist bei der so ungemein häufigen Verwechslung
beider Wörter kaum stichhaltig. — 104. *Soli tibi dulci*. —
105. 'ardentis'; die Verlängerung von Kürzen in der Arsis
(besonders der dritten) findet sich mehrfach, 31 'totā per'
58 'opūs et', 121 'precōr et', 125 'erīt adgresso', 202 'uocīs,
exordia', 229 'Andromedā hic', wie solches bei den Späteren
häufig. Stellen wie 97 'erāt haut', 124 'quīd hoc', gehören
nicht hierhin, da 'h' in dieser Zeit gelegentlich als Consonant
verwerthet wird. — *flammas*. — 106. *mesta uigilat mediumque tenetque*. — 107. 'Suspirat'; die Copula fehlt im vierten
Gliede wie V. 65, 224. Zu 'dāturus' vergl. L. Müller d. r.
m. p. 349. Möglicherweise aber schrieb der Dichter 'requiemque daturus'; vergl. für die Stellung von 'que' v. 176. —
109. *Fluminaq*; — 110. *modica compellata dire*. — 112. *perdica premit*. — 113. *possit nec ferre uocem*; 'referre uicem' =
'sich revanchiren': vergl. Trebellius Pollio, Gallien 9 'milites
uero ita doluerunt ut non multo post uicem redderent'. Ob-

Ardebat miser educens suspiria cordis,
115 Quae puer edocuit cire inmortale Cupido.
Tales tristificus reddit de pectore uoces: *fol. 23 b.*
'Nox sceleris secreta mei, nox conscia cladis,
Soli me conmendo tibi nostrumque furorem.
Tu nosti quid possit Amor: sine te nihil ille,
120 Seu Veneris pars est, *est* seu Venus aut Venus in te est
Des requiem miserando, precor, et posse fateri.
En matri narrabo nefas! quid deinde? — tacebo,
'Mater, aue' dicturus ero! tamen ibo coactus? —
Credamus! quid? hoc poteris conponere uerbis
125 Aut uox qualis erit adgresso nempe parentem?
Oedipodem thalamos matris uult fama subisse
Incestosque toros: satis est quod nescius ista
Commisit culpamque tulit, licet ille nefandam
Exegit de se priuatus lumine poenam.'
130 Talis Perdicam per noctem cura premebat,
Et proprium miserando nefas fit causa laboris.

wohl 'rēferre' ohne Anstoss ist, lässt sich auch 'sic ferre uicem' vermuthen. — 114. *miser ducens*. Man könnte auch an 'miseri' denken. — 115. *edocuit inmortale scire c.* — 116. *triste feras*. Wird man unserem Poetaster ein 'tristiferas' zumuthen dürfen? — 117. *secretam ei*. — 119. *nihil ille cupido*, ein offenbares Glossem. — 120. *pars est seu*. — 121. *Dis r. m. praecor e. p. fatiri*. Durch 'miserandŏ' wird die Ansicht L. Müller's (d. r. m. p. 339), dass nur die ablatiui, nie die datiui gerundiorum verkürzt worden seien widerlegt. — 122. *Et matri n. nefas tamen ibo coactus.* — 123. *M. a. d. ero quid deinde tacebo*. — 125. *adgressus näq; parentem*. — 126. *Et idopent calamus*. Für das merkwürdige 'uult' kann man 'fert fama' vermuthen. Vielleicht schrieb der Verfasser geradezu 'Edipodem'. — 127. *Incestusq; torus*. — 128. *illi*. 'licet' mit Indicativ findet sich z. B. bei Dracontius. — 129. *Exegit sese priuato*. — 130. *per noctu c. praemebat*. — 131. *miseranda nefas incesta laboris*. 'miserandŏ', wie v. 121; 'labor = morbus'; vergl. 144, 174; 'proprius' steht mehrfach recht abundirend für einfaches 'suus'; vergl. 56, 149,

2*

Iamque dies ortus clarum nudauerat orbem
Et radiis tacitas noctis disperserat umbras:
Deficiunt iuueni paulatim fortia membra,
135 Decoquiturque umor, cunctos qui continet artus;
Namque undas Cereremque negat uictumque ciborum.
Tunc quoque sollicitam monuit maestamque parentem
Maternae pietatis honos, famulosque uocauit
Ad sese iussitque artis quaeri medicinae
140 Primores qui forte forent ac ducere secum.
Iussa citi peragunt: uitae uenere magistri
Ingressique fores adque abdita tecta iacentis
Inueniunt iuuenem postrema clade grauatum.
Et primum quaerunt, quae causa laboris inesset,
145 Post uenam temptant; sed cor pulsusque quietus:
Esse negant causas uitiati corporis illic,
Sed iecur et splenis temtata cubilia et atri
Fellis. quae metuenda domu? sunt omnia sane
Per proprium digesta larem, sunt cuncta quieta
150 Et uitae deuota suae, sed dira procella
Mente latens caecos urguebat pectore coetus.

197, 203, 223, 225. — 132. *clarior nudauerat*. 'nudare = patefacere'; vergl. Hom. Lat. 650 'ut nitidum Titan radiis patefecerat orbem'. Möglicherweise aber ist 'clarior' als bisyllabum zu halten; vergl. z. B. Reposian 126 'Sed gratiosa decens'. Anth. lat. 21, 64 'nedum copiosior auro'. — 133. *Et radius citā n. d. undas*. Vergl. Hom. Lat. 107 'Postera lux tacitas ut primum depulit [lies 'dispulit'] umbras'. — 134. *forsita membra*. — 135. *cunctosq; continet*. — 137. *sollescit āmonuit mestāq;* — 138. *famulatusq; uocabit*. — 139. *artis medicinae requiri*. — 140. *adducere*. — 142. *tecta caciantis*. Vielleicht 'cubantis'? — 144. *inessit*. — 145. *P. uena temptata scdes pulsosq; quietus*. — 146. *uiciati*. — 147. *S. iecor et s. temtanda cobilia patri*, die unsinnige Interpolation eines sciolus, welcher nicht merkte, dass mit Aufnahme dieser Lesart das Folgende bis v. 170 überflüssig wird. 'temtata = morbo adfecta'. — 148. *Quae fellis met. domus s. o. sana*. — 150. *uite d. s. sidera proc*. — 151. 'coetus = coitus', wie z. B. bei Ausonius

Hippocrates illic fuerat qui forte uetustus　　　*fol. 24.*
Ac uitae spatio longum qui ceperat usum,
Restitit et secum docto sermone locutus:
155 'Quid, medicina, taces? rationem redde petenti.
Nam sacrae partes, quibus omnis uita tenetur,
Discordare parant, tum mox elementa resoluent,
Quae faciunt hominem, dum quattuor ista ligantur..
160 Stridenti gremio uiuaces impedit auras:
156 Non isti calor est pulsus nec uena minatur,
161 Non contenta suas per mollia uiscera sedes,
Non fibrae, non corda uagi pulmonis anhelant,
Intercepta suis non ilia concita coxis
Incutiunt, saeuos iaculataque saepe dolores:
165 Displicet os, colum, quod sunt suspiria longa.'
Sic fatus fessae scrutatur conscia uenae:
Ingreditur mater. tum, quae fuit ante tenenti
Mitis et in lentos motus aequaliter acta,
Inprobiter digitos quatiens pulsatibus urguet,
170 Sic mentis confessa nefas. magnusque uirorum
Inuenit Hippocrates, quae pectore clausa fuere,
Et tali sequitur miserandum uoce parentem:
'Mater habes causas: medicinae munera cessant.

---

epigr. 108, 5. Mit wem P. diese eingehen wollte, war den Aerzten noch unklar, daher 'caecos'. — 152. *Yppocratis.* — 153. *spatiorum l. q. cocperat u.* Richtiger ist wohl 'longo'. — 154. *adque secum.* 'atque' und 'et' hat der Schreiber auch v. 81 verwechselt; sonst würde auch 'ac' genügen. — 155. *racione.* — 158. *parent cū m. c. resoluant.* — 159 *faciūt* und *legantur.* — 156. *pulso.* — 161. *Momenta sua sp m. u. sedis·* 'per' ist mit 'suas sedes' zu verbinden. Besser würde 161 nach 162 stehen. — 162. *Non fibrae* fehlt. — 163. *I. se non nilia c. costis.* 'Intercepta = mortua'. — 164. *Incuciunt seuos iaculata sepe doloris.* — 165. *Displicit osculum.* — 166. *factus fessa scrutatus.* 'Conscia' ist verdächtig. — 167. *du quae f. ille t.* — 168. *et qualiter apta.* — 169. *pulsantibus arguit.* — 170. *magnuusque.* — 171. *yppogras q. pectori.* — 172. *miseranda.* — 173. *Causas habes mater m. m. cessent.*

Hic animi labor est: hebeo. iam cetera di dant!'
175 Talia fatus abit. matrem noua cura premebat,
Per uarios diuisa metus natumque cubantem
Adgreditur redditque pio de pectore uoces:
'Nate, precor, miserere mei, miserere tuorum:
Lumina tu patris, tu me facis esse parentem.
180 Inclita si uirgo est, Hymenaeos iungere possum,
Siue suo matrona foret uiduata marito;
Ne dubites. haec cura mea est, hoc maesta uerebar,
Inlicitos ne forte toros temtare mariti
Cogeret acer amor matrisque grauaret honorem.'
185 Ille silet solumque trahit suspiria longa
Auertens faciem, nec matrem cernere rectis
Luminibus poterat sacro prohibente pudore.   *fol. 24 b.*
'Mater' ait, 'discede, precor: plus uris amantem.'
Roscida post radios alternaque lumina solis
190 Nox tenebris diffusa suis conpresserat omnes.
At iam te, Perdica, puer numquam ille Cupido
Vel partem minimam patitur decerpere somni:
Solum te tenuit miserum totasque per umbras
Continuus tollit faretras ac tela furoris
195 Et tecum uigilat per noctis tempora longa
Intorquens dira assiduis incendia flammis.
Et Pudor huc aderat proprio comitante uigore.

174. *iam ceteri dicant.* Ob 'di dent'? — 175. *T. f. habet sed matrem nati noua c. p.*, aus v. 220 interpolirt — 176. *diuisa modos.* — 179. *tu partus tu.* — 180. *Indica s. u. es himineos uincere p.* — 181. *Si uero matr.* Ob 'foret' richtig ist? — 182. *haec* fehlt. — 183. *thoros.* — 189. *radiosa et nāq; lumina*, was zunächst aus 'aernaq; = aeternaque' depravirt ist. — 190. *discussa suis.* Vielleicht 'decussa' oder 'demissa'? — 191. *Ad ante perdicā nūquā puer ille c.* Ich halte die oben gegebene Verbesserung wegen v. 195 für die passendste; es lässt sich auch etwa an 'Tantum Perdicam numquam puer' oder Aehnliches denken. — 192. *mimimā — somni* fehlt. — 193. *Sed solū tenuit ueneranda te casus umbras.* Auch hier stehen mehrere Wege der Verbesserung offen. — 194. *Continuis.*

Stant duo diuersis pugnantia numina telis
Ante toros, Perdica, tuos: Amor hinc, Pudor inde.
200 Inde Cupido monet secreta referre furoris,
Inde Pudor prohibet uocis exordia rumpi:
Famam surgentem reuocet* neanillans* . . .
Ire iubet propriumque nefas exponere mentis
Verbaque multa docet. quae uoces pectore clausae
205 Perdicae miseri moriuntur in ore pudico.
Sed postquam calor inmensus per pectora currens
Usserat exesas ardenti corde medullas,
Talia dimittit reserato pectore uerba:
'Saeue puer, semper lacrimis et funere gaudes.
210 O scelerate, tuas si tu paterere sagittas!
Sique tuos ignes in te conuertere discas,
Ut credas quid possit amor! sed parce, Cupido.
Improbe, quae mandas non possum dicere matri.
Tormentis adfige tuis, constringe catenis:
215 Non fatear. totas in me consume sagittas,
Quotquot amoris habes, et, si tibi tela furoris
Defuerint, summo dein de Ioue fulmina sumas:
Vincere non poteris sanctum, scelerate, pudorem.'
Talia per noctem iuuenis miserandus agebat.
220 Interea matrem nati noua cura premebat,
Multaque quaerenti placuit sententia talis,
Matronas omnes totis e moenibus urbis
Ad propriam concire domum, si quis uigor illis *fol. 25.*
Aut species inlustris erat uel forma superba,

---

199. *thoros.* — 202. *Famamq; surgentē reuocit neanillans.* Das letztere Wort ist heillos verdorben. Dem Gedanken würde entsprechen 'rursusque Cupido'. Oder trat zu 'Cupido' ein Particip wie 'stimulansque'? — 203. Ob 'expromere'? — 204. *docent q. u. pectora labi.* — 205. *A perdice misera.* — 206. Viell. 'per corpora'? — 207. *exaesas ardentes.* — 210. *patercres sagitas.* — 211. *dicas.* — 212. Vielleicht 'Ut cernas'? — 214. Besser 'adflige'. — 215. *fateor.* — 216. *Quot quot.* — 217. *Defuerint et si de ioue.* — 221. *sentencia.* — 222. *tutis aemoenibus urbes.* — 223. *propriam uenire domum sed quis u. illic.* — 224. *specie* und

225 Quae proprio iuuenem statuisset amore beare.
   Hoc uisum placitum matri, nec distulit ultra.
   Iamque dies ortus clarum nudauerat orbem,
   Matronae ueniunt forma cultuque micantes:
   Hic erat Andromeda, hic altera Laudamia,
230 Ditior haec Danae, fulgentior altera Glauce,
   Candidior Progne uenit *altera et* altera Dirce.
   Huc etiam tenerae sanctae uenere puellae
   Virgineum florem seruantes lege maritis.
   Has tristis Perdica uidens et lumina flectens
235 In matrem traxit duram suspiria corde
   Et tali secum miser est sermone locutus:
   'Pro dolor, o superi! defecerat altera forma:
   Mater amanda fuit, sed uincere certa furores
   Quaerendo uultus, liceat quos iure tenere.
240 Hoc etiam uoluisse nefas, sed respice, quales
   Vituperas, sed ut hic mutetur gratia formae.
   Sunt niueae, sunt hic procero corpore pulchrae,
   Virgineoque nitent grato de flore puellae.
   Nulla tamen matri similis!' fatusque coercens
245 Torsit defessos artus et languida membra.
   Nunc, o Calliope, nostro succurre labori:

superna. — 225. *amore grauare* uus v. 184. — 226. *no distulit*. — 227. *Iam dies o. clarior n. o.* Vergl. v. 132. — 230. *alter glauce*. — 231. Cand. *coigne peruenit altera disce.* Ausser 'Progne' liesse sich z. B. auch 'Chione' vermuthen. — 232. *et iam tenere sanctae*. Die asyndetische Verbindung ist ohne Anstoss; sie findet sich auch bei den Späteren vor; vergl. z. B. Reifferscheid, Index zum Arnobius p. 348. So auch v. 243 und z. B. Dracontius, Medea 77. — 234. *tristes*. — 235. *dura*. Viell. 'ductū'; vergl. Reposian 18. — 237. *osoperi*. — 238. *certas furore*. Viell. einfach 'furorem'. Für 'certā' vergl. v. 7. — 240. *et iam*. — 241. *Quid uiperas sed uim mutentur g. f.* Das vom Gedanken geforderte 'Vituperas' ist ohne Anstoss; Aehnliches bei L. Müller p. 354. — 243. *Sunt ne uae — pulchre.* — 243 *Virgineo uetent grato.* — 244. *coercret*. — 245. *Retorsit d. atrus*. — 246. *sucurre*.

Non possum tantam maciem describere solus,
Ni tu das animos uiresque in carmina fundis.
Iussisti mandans: iam possum expromere, Musa.
250 Tristis languentes pallor perfuderat artus,
Tempora demersis intus cecidere latebris
Et gracili cecidere modo per acumina nares,
Concaua luminibus macies circumdata sedit
Longaque testantur ieiunia uiscera aperta,
255 Arida nudati distendunt brachia nerui,
Ordine digestae consumpto tegmine costae
Produnt, quidquid homo est uel quod celare sepulchris
Mors secreta solet. locus est tibi, saeue Cupido,
Materia iam nullus, atrox ubi flamma moretur. *fol. 25 b.*
260 Denique defessos artus ac membra calore
Mollitur, gestare *nequit* uictumque ciborum.
Soluitur infelix per tota cubilia fusus
Miratusque suos artus haec uerba remisit:
'Quid dicis, Pafie? retulisti nempe triumphum:
265 Ad tantam maciem deducimur. haec tibi uirtus,
Si dea mortalem propriis superaueris armis?
Cerne, precor, quid agas: flammis absumis et ossa,
Quae semper seruata rogis. miserere rogantis,
Alma Venus! nosti quae sint tormenta caloris
270 Et quid possit amor: nam mater Amoris amasti.
Nunc finem, Perdica, uides: nam spes puto nullast.
Quod superest, moriamur, *Amor*. letumne bibamus?

247. *tantā matiendi scribere.* — 248. *A nitidas animis.*
— 249. *mandasti* und *musam.* — 250. *Primis languentes.* —
251. *dimersis.* — 252. *nare.* 'gracili' ist mit 'nares' zu verbinden. Vergl. übrigens Lucretius VI, 1193 Lchm. — 254. *uiscera famem.* — 255. *discendunt.* — 256. *digesta cons. regimine coste.* — 258. *solet sufficit tibi*, woraus Andere etwas näherliegendes cruiren mögen. — 259. *Materialam nttu sit atrox.* Besser als der Ablativ wäre der Genetiv 'Materiae'.
— 261. *Molitur gestare uictusque uirorum.* Vergl. v. 136. —
262. *Siluitur infoelix.* — 264. *pafiae* und *nemphe.* — 266. *deam.*
— 268. *roganti.* — 271. *Hunc* und *nlla sit.* — 272. *Quid*

Cur, miserande, petis frustra potare uenena?
Iam fauces clausere uiam dirosque recusant
275 In mortem latices. ferro reseremus amorem?
O demens! gladio? quibus armis quoue uigore
Quae manus ecce ualet librare in uulnera mortem!
Praecipitem iactare libet? fors poena placebit,
Sed uereor ne forte leue et sine pondere corpus
280 Vento gestatum rursum seruetur Amori.
Stringamus laqueum? sic curae finis amanti.
Quid turbaris, Amor? puto, uicimus! omnia leti
Praedixi tormenta mei, nec te pauor ullus
Terruit: et laqueum metuis? me redde tenebris!
285 Iam scio quid fugias: ne te mea uincula perdant!
Da laqueum collo: uel sic cum corpore nostro
Inclusus morieris, Amor. solatia fati
Haec tandem, Fortuna, mihi concede precanti,
Ut tumulo scriptum per saecula longa legatur:
290 Hic Perdica iacet secumque Cupido peremtus.'

super est moriamur lactumq; bib. — 273. *portare.* — 274. *du rosq;* — 275. *reseramus.* Viell. 'resecemus'? — 276. *uigorē.* — 278. *Prec. lactare — pena.* — 281. *sic finis de cura amāti.* — 282. *uincimus o. liti.* — 283. *Praedixit.* — 284. *mihi redde* — 285. *uincula prodant.* — 286. *siccū.* Besser 'uel sicco corpore', d. h.: 'uel tum, cum corpus nostrum exsiccatum erit, faucibus obclusis non poteris inde euadere et ita morieris'. — 288. *Hoc tandem.* — 289. *legetur.*

II.

TIBERIANUS.

Es war bislang sehr wenig, was wir von einer der interessantesten litterarischen Persönlichkeiten des vierten nachchristlichen Jahrhunderts, von Tiberianus, wussten. Hieronymus bemerkt in seiner Chronik zum Jahre 336: 'Tiberianus uir disertus praefectus praetorio Gallias regit.' Wohl mit Recht hat Teuffel [R. L. G. S. 938³] auf denselben bezogen die Notizen im cod. Theos. XII 5, 1; cod. Justin. VI, 1, 6 und cod. Theod. III 5, 6, wonach Tiberian im J. 326 'comes per Africam', 332 'comes Hispaniarum' und 336 'uicarius Hispaniarum' war. Fragmente seiner Dichtungen haben uns Servius und Fulgentius bewahrt; ich will sie hier nochmals [vergl. Teuffel a. a. O.] zusammenstellen.

I. Servius ad Verg. Aen. VI 136: 'Alii dicunt ideo ramo aureo inferos peti, quod diuitiis facile mortales intereunt. Tiberianus: **Aurum quo pretio reserantur limina Ditis**'.

II. Servius ad Verg. Aen. VI 532: 'Alii altius intellegunt, qui sub terra inferos esse uolunt secundum chorographos et geometras, qui dicunt terram cφαιροειδῆ esse, quae aqua et aere sustentatur; quod si est, ad Antipodas potest nauigatione perueniri; qui, quantum ad nos spectat, inferi sunt, sicut nos illis. hinc est quod terram esse inferos dicimus; quamquam illud sit [fit?], quia nouem cingitur circulis. Tiberianus etiam inducit epistolam uento allatam ab Antipodibus, quae habet: **Superi inferis salutem.** qua occasione tractat reciprocum hoc quod diximus supra.' — Des Servius Worte hat ausgeschrieben der Mythographus Vaticanus III [p 204 ed. A. Mai].

III. Fulgentius, Mythol. I 26 [p. 62 ed. Muncker]:
'De sanguine eius nasci fertur Pegasus in figuram famae
constitutus. uirtus enim, dum terrorem amputauerit, famam
generat. unde et uolare dicitur, quia fama est uolucris. unde
Tiberianus: Pegasus hinniens transuolat aethram'.
IV. Fulgentius, Mythol. III 7 [p. 120 M.]: 'Nam et
Tiberianus in Prometheo ait, deos singula sua homini tri-
buisse.'
V. Fulgentius, Vergil. contin. [p. 154 M.]: 'At uero
aureum quod diximus, claritatem facundiae designare uolui-
mus; memores Platonis sententiae, cuius hereditatem Diogenes
Cynicus inuadens nihil ibi plus aurea lingua inuenit, ut
Tiberianus in libro de Socrate memorat.'
VI. Fulgentius, exposit. serm. antiq. [p. 183 M.]: 'Su-
dum dicitur serenum. Tiberianus: Aureos subducit ignes
sudus ora Lucifer.

Zu dem in Fragment V erwähnten 'liber de Socrate',
welcher in lat. Verse gebrachte Gedanken der socratisch-platonischen Philosophie enthalten zu haben scheint, gehörte
wohl als einleitendes Vorwort ein Gedicht, welches erstmals
von M. Haupt [Ouidii Halieutica cctr. p. 65 f.] aus einer
Wiener Hdschr. edirt wurde, jetzt in Riese's lateinischer
Anthologie unter Nr. 490 steht. Ich will es hier nach meiner
recognitio unter Beifügung des von mir gesammelten hand-
schriftlichen Materiales hinsetzen und damit die Reihe der
weiter zu edirenden neuen Piecen eröffnen.

I.

[Versus Platonis de deo.]

Omnipotens, annosa poli quem suspicit aetas,
Quem sub millenis semper uirtutibus unum
Nec numero quisquam poterit pensare nec aeuo,
Nunc esto affatus, si quo te nomine dignum est,
5 Quo sacer ignoto gaudes, quom maxima tellus
Intremit et sistunt rapidos uaga sidera cursus.
Tu solus, tu multus item, tu primus et idem
Postremus mediusque simul mundoque superstans.
Nam sine fine tui labentia tempora finis

10 Altus et aeterno spectans fera turbine certo
　 Rerum fata rapi uitasque inuoluier aeuo
　 Atque iterum reduces supera in conuexa referri,
　 Scilicet ut mundo redeat quod partibus haustus
　 Perdiderit refluumque iterum per tempora fiat.
15 Tu (siquidem fas est in temet tendere sensum
　 Et speciem temptare sacram, qua sidera cingis
　 Inmensus longamque simul complecteris aethram)
　 Fulgentis forsan raptus sub imagine Phoebi
　 Flammifluum quoddam iubar es, quo cuncta coruscas
20 Ipseque das nostrumque premis solemque diemque.
　 Tu genus omne deum, tu rerum causa uigorque,
　 Tu natura omnis, deus innumerabilis unus,
　 Tu sexu plenus toto, tibi nascitur olim
　 Hic cunctus mundus, domus en hominumque deumque,
25 Lucens, augusto stellatus flore iuuentae.
　 Qui (precor, aspires) qua sit ratione creatus,
　 Quo genitus factusue modo, da nosse uolenti;
　 Da, pater, augustas ut possim noscere causas,
　 Mundanas olim moles quo foedere rerum
30 Sustuleris animamque leui quo maximus olim
　 Texueris numero, quo congrege dissimilique,
　 Quidque id sit uegetum, quod per cita corpora uiuit.

Bei der folgenden Zusammenstellung der Varianten habe ich mich dieser Abkürzungen bedient: R = codex Reginensis 215 saec. IX (aus ihm ist der Parisinus 4883 A saec. XI abgeschrieben); P = codex Parisinus 2772 saec. X—XI; S = cod. Parisinus 17160 saec. XII; V = Vindobonensis 143 saec. XIII; Bs = Baehrens. Im Titel *Versus Platonis de deo* R, *Versus Platonis a quodam Tiberiano (ad quendam Tyberianum* V) *de gr(a)eco in latinum translati (translate* V) P V; ohne Titel S. Ohne Zweifel ist die „Aufschrift mittelalterliches Fabrikat. — 1. *suscipit* P V. — 2. *mellenis* P — *semper* fehlt in R. — 3. *poterit quisquam* V. — 4. *effectu* R *effectus* V. — 5. *quom* Bs: *quod* codd. — 6. *Intremuit* R *Intremat et sistant* V — *iuga* V. — 8. *mundoque superstans* Bs: *mundique superstes* R S *mundique superestas*

P *mundu superextas* V. — 10. *Altus et aeterno* Bs: *Altus ab aeterno* codd. (*alter* V). — 13. *partibus haustus* Bs: *partibus austrum* R *p. abstrum* P *p. abstui* S *p. astra* V. Vergl. Rhein. Mus. 32, S. 225. G. Hermann schlug 'partubus aethra', Bücheler 'raptibus astrum' vor. 'partibus = partubus'. — 14. *tempora* R S: *corpora* P V — *fiant* S. — 15. *Te* R. — 16. *saram* P
så ram V. — 17 *simul]* d̄s S — a&ram P. — 18. *Fulgentis* Bs: *Fulmencis* P *Fulmineus* R *Fulmincis* V *Flumineis* S — *forsam* V — *raptus* Bs: *rapida* R P V *rapidas* S — *imaginē* P — *Phoebi* Bs: *membris* codd. — 19. *quod* S — *coruscas* (*chor.* S) P S V: *coruscant* R. — 20. *Ipseque das* Bs: *Ipse nides* codd. Für 'premis' wollte Hermann 'aperis'. — 21. *deum* P V: *dei* R S. — 22. *nature* S. — 24. *Hic cunctus mundus* Bs: *Hic deus hic mundus* codd. aus Interpolation, nachdem 'cētus' in 'deus' depravirt war. — *en* Bs: *hic* codd. Riese schlug 'haec' vor. — 25. *angusto* R P — *stellatur* P — *iuuentae* Bs: *iubente* S *iuuentus* R P V. 'iuuencus' Hermann, welcher v. 24 in Parenthese setzte. — 26. *Qui* Bs: *Quem* codd. — p̄cor *asspiras* P. Viell. 'adspirans'? — *quasi rat.* R. — 28. *angustas* R. — 30 fehlt in R. — 31. *qua* R. — 32. *Quidque id sit uegetum* Bs: *Quicquid id est uegetum* codd. — *quod per cita* R: *per concita* P S V.

Demselben 'liber de Socrate' wird auch das zweite der im Harleianus nach der 'Aegritudo Perdicae' enthaltenen Stücke angehört haben. Ist dasselbe auch nicht durch die Ueberschrift als von Tiberian herrührend bezeichnet, so steht dessen Urheberschaft doch dadurch ausser Zweifel, dass der dritte Vers von Servius [Fragm. 1] citirt wird.

II.
[Versus Socratis philosophi.]

Aurum, quod nigri manes, quod turbida uersant
Flumina, quod duris extorsit poena metallis;
Aurum, quo pretio reserantur limina Ditis,
Quo Stygii regina poli Proserpina gaudet;
5 Aurum, quod penetrat thalamos rumpitque pudorem,
Qua ductus saepe inlecebra micat impius ensis.
In gremium Danaes non auro fluxit adulter

Mentitus pretio faciem fuluoque ueneno?
Nou Polydorum hospes scaeuo necat incitus auro?
10 Altrix infelix, sub quo custode pericli
Commendas natum, cui regia pignora credis?
Fit tutor pueri, fit custos sanguinis aurum!
Inmitis nidos coluber custodiet ante
Et catulos ceruae poterunt seruare leaenae.
15 Sic etiam ut Troiam popularet Dorica pubes,
Aurum causa fuit pretium, dignissima merces.
Infamem probro palmam non uendit adulter?
Denique cernamus, quos aurum seruit in usus.
Auro emitur facinus, pudor almus uenditur auro,
20 Tum patria atque parens, leges pietasque fidesque:
Omne nefas auro tegitur, fas proditur auro.
Porro hoc Pactolus, porro fluat et niger Hermus?
Aurum, res gladii, furor amens, ardor auarus,
Te celent semper uada turbida, te uada nigra,
25 Te tellus mersum premat infera, te sibi nasci
Tartareus cupiat Flegethon Stygiaeque paludes:
Inter liuentes pereat tibi fuluor arenas,
Nec post ad superos redeat fames aurea puros!

Als Titel gibt der Harleianus: *Incipit uersus Sogratis philosophi*. Auch dieser Titel ist wohl später gemäss der Aufschrift des ganzen Buches fingirt worden. — Zu v. 2 vergl. z. B. Paulus, sent. 5, 17, § 3 'mediocrium delictorum poenae sunt metalla ludus deportatio'. — Zu v. 3 vergl. Vergil [Aen. VI 136 ff.]. — 4. *Quos tigii*; vergl. Vergil a. a. O. 142. — 6. *Quo ductus*. — 7. *danais*. — 8. *ptio*. — 9. *polidorum hospis saeuo*. Entweder 'scaeuo' oder 'foedo'. Ueber Polydor vergl. Vergil [Aen. III 49 ff.]:

Hunc Polydorum auri quondam cum pondere magno
Infelix Priamus furtim mandarat alendum
Threicio regi, cum iam diffideret armis
Dardaniae cingique urbem obsidione uideret.
Ille, ut opes fractae Teucrum et Fortuna recessit,
Res Agamemnonias uictriciaque arma secutus

Fas omne abrumpit: Polydorum obtruncat et auro
Vi potitur. quid non mortalia pectora cogis,
Auri sacra fames!
— 10. *Astrix*. Gemeint ist wohl, obgleich mir 'altrix' in der Bedeutung von 'mater' sonst nicht bekannt ist, die Hecuba. 'proles gratissima matri' heisst Polydor bei Ovid [met. XIII 527] — 11. Ob 'Cui mandas'? — 12. *custus*. — 14. *catulos fere poterunt*. Obwohl man 'catulos' = 'canes paruulos' auffassen und danach in 'fere' etwa 'saeuae' erblicken kann, möchte es doch vorzuziehen sein, einen Genitiv wie 'ceruae' her zustellen. — 15. *Sic et iam utro iā popularet*. — 17. *conuendit*. — 18. *uenit in usum*. — 19. *enitur*. Zu 'uenditur' vergl. Lachmann's kleinere Schriften p. 231, Note. — 20. *patriaque parens*. Vergl. Vergil [Aen. VI 621]:

Vendidit hic auro patriam dominumque potentem
Imposuit, fixit leges pretio atque refixit.

— 22. *Porro huic*. — 23. Wohl 'lis gladii'. — 24. *te nuda nigra*; vielleicht ist einmal 'loca' herzustellen; 'loca turbida' gebraucht von der Unterwelt Vergil a. a. O. 534. — 25. p̄mat· — 26. *flegeton stigiaeq*. — 27. Durch diesen Vers erhalten wir ein vollgültiges Zeugniss für 'fuluor'. Damit wird die natürliche Farbe des Goldes bezeichnet im Gegensatze zu dem erst durch die kunstgemässe Bearbeitung gewonnenen 'fulgor auri'. In einem Verse des Catull [LXIV 101]:

Quam tum saepe magis fulgore expalluit auri

hat bekanntlich zuerst Ritschl [Bonner Index lectionum für's Wintersemester 1857/58] hingewiesen auf das Inepte des Vergleichs. Die Blässe des Antlitzes kann nicht mit dem Glanze, sondern nur mit der natürlichen blass-gelblichen Farbe des Goldes verglichen werden. Ritschl schrieb daher 'fuluore e. auri'. Keiner der folgenden Herausgeber (Schwabe, Ellis, L. Müller) hatte den Muth, Ritschl's evidente Verbesserung aufzunehmen, da das Wort selbst bislang nicht nachweisbar war. Ich bin muthiger gewesen und habe jener emendatio palmaris den verdienten Platz im Texte meiner Ausgabe angewiesen. — 28. 'fames' mit kurzer Endsilbe ist unerhört; aus dem einen und späten Corippus führt L. Müller d. r. m. 342 'herĕs' an. Ich glaube nicht, dass man unserm sonst so gefeilten Dichter diesen Schnitzer wird aufbürden dürfen. Ob hier ein Abschreiber, eingedenk der Vergilischen 'auri sacra fames', zwei Synonyma mit einander vertauschte und Tiberian selbst schrieb: 'sitis aurea'? Vergl. Horatius [epist. I 18, 23]: 'quem tenet argenti sitis importuna famesque'.

Das Gedicht scheint sich eines gewissen Ansehens erfreut zu haben; dafür spricht nicht nur Servius, sondern auch die Nachahmung bei einem späteren afrikanischen Dichter, dem sogenannten Octavianus [Anth. lat. 21], welcher sich von v. 195 an also vernehmen lässt:

rectis semper contraria rebus
Fulua metallorum est rabies. haec praelia miscet,
Haec castos uendit thalamos, haec polluit aras.
Mille nocendi artes. uolumus si uisere priscos,
Dicite quod facinus commissum non sit ob aurum.
200 Auro ardet Glauce, Danae corrumpitur auro,
Auro emitur Pluton, Flegethon transcenditur auro,
Proditur Amphiaraus atque Hector uenditur auro.
Hoc Medea maga est, serpens uigil, exul Iason,
Hoc Mida iciunus, Paris ultus, naufraga Hellest*)
205 Hoc sapiens Furia, Venus inuida, Iuno cruenta,
Hippomenes cursu uelox, hoc tarda Atalanta est.
Aurum quod nigris Pactolus miscet harenis,
Quod condit Hermus, tristis quod celat Auernus,**)
Quod ferrum intundit, liquidus quod conficit ignis,
210 Quod furor exposcit demens, quod praelia saeua,
Quod raptum quaerit coluber, quod Punica uirgo
Amissum plangit, Tyria damnandus in aula
Pygmalion caeso quod perdit fraude Sichaeo,
Quod tutum nec templa tenent nec pauperis ardor.

---

*) 'naufragus Helles' hat der Salmasianus. Zu glauben, dass ein antiker Dichter selbst der schlimmsten Sorte Helle zu einem Helles habe machen können, ist unzulässig. 'naufragus' schrieb ein Copist, der nicht bemerkte, dass der Dichter 'h' hier, wie auch sonst, consonantisch setzte.

**) 'condit feinus' der Salm., was ich gebessert habe.

Man sieht, der Verfasser hat es nicht an sich fehlen lassen, sein Vorbild an Reichthum der Beispiele noch zu übertreffen.

Ich fahre fort in der Mittheilung der vom Harleianus gebotenen Gedichte des Tiberian.

III.

Amnis ibat inter arua ualle fusus frigida,
Luce ridens calculorum, flore pictus herbido.
Caerulas superne laurus et uirecta myrtea
Leniter motabat aura blandiente sibilo;
5 Subtus autem molle gramen flore adulto crcuerat:
Tum croco solum rubebat et lucebat liliis
Et nemus fragrabat omne uiolarum *sub* spiritu.
Inter ista dona ueris gemmeasque gratias
Omnium regina odorum uel colorum Lucifer
10 Aureo flore eminebat cura Cypridis rosa.
13 Antra muscus et uirentes intus *myrtus* uinxerant.
11 Roscidum nemus rigebat inter uda gramina:
12 Fonte crebro murmurabant hinc et inde riuuli;
14 Quae fluenta labibunda guttis ibant lucidis.
15 Has per umbras omnis ales plus canora quam putes
Cantibus uernis strepebat et susurris dulcibus;
Hic loquentis murmur amnis concinebat frondibus,
Quis melos uocalis aurae musa zefyri mouerat.
Sic euntem per uirecta pulchra odora et musica
20 Ales amnis aura lucus flos et umbra iuuerat.

Incipit uersus Teberiani ist die Ueberschrift. — 1. *inter herbas u. fussus.* Allein 'herbas' ist wegen des folgenden 'herbido' unmöglich. — 3. *Cerulas supernae* und *mirtea;* 'uirecta' ist die gute, alte Schreibweise für das jetzt gangbare 'uireta'. — 4. *mutabat.* — 5. *florea dulco.* — 6. *Et croco.* — 7. *Tum nemus fraglabat o. uiolarū spu.* Offenbar sind die Anfangsworte der beiden Verse umgestellt worden. Statt 'sub' könnte man auch nach den bekannten Beispielen des Pervig. Ven. 'de' ergänzen. Für den Rhythmus vergl. z. B. Perv. Ven. 55 'iussit omnes adsidere pueri mater alitis', welchen Vers man sehr mit Unrecht mit Conjekturen behelligt hat. — 8. *donaueris* und *gracias*. — 9. *odorum et colorum*. 'uel' steht für 'et' auch im Perv. Ven. 53; vergl. auch meine Bemerkungen Rhein. Mus. 31, S. 102. Später wurde dies bekanntlich ganz allgemein. — 10. *Auro flore praeminebat forma dionis rosa*. Ein stark verdorbener Vers, in dem 'diones' wohl eine Glosse für das ursprüngliche 'cypridis' ist. Ich dachte auch an 'Aurea forma eminebat flos Dionaeus rosa' oder mit noch kühnerer Aenderung an 'De cruore praeminebat facta Cypridis rosa'. — 13, welcher Vers zwischen 12 und 14 unmöglich ist, wird besser nach 10, also hinter 14, placirt werden. 'myrtus' fehlt, indem eine Lücke offen gelassen ist. Besser 'myrtus intus'. — 14. *labebunda*. Das Wort war bisher unbekannt. — 15. 'omnis' = 'omnigena': Vögel aller Art. — *canora quam potest (p͞t)*. — 17. *Hinc*. — 18. *Quas* und *zefri*. — 19. *pui recta*. — 20. *Alis* und *umbra uiuerat*.

Die anmuthigen Verse erinnern lebhaft an die bekannte Schilderung, welche Plinius [hist. nat. IV 8, 31] von dem Penius und dem Tempethal gibt: 'In eo cursu Tempe uocant V milium passuum longitudine et ferme sesquiiugeri latitudine ultra uisum hominis attollentibus se dextra laevaque leniter conuexis iugis infra luco uiridante. hac labitur Penius lucidus calculo,*) amoenus circa ripas gramine, canorus auium concentu.' Und im Allgemeinen sind die in dem Gedichte beschriebenen Naturschönheiten gerade diejenigen, welche am meisten den Alten gefielen und bald in dieser bald in jener Form verherrlicht worden sind. Aber was sonst bei den römischen Dichtern nur Nebenwerk ist, nur gelegentlich zur Ausschmückung herangezogen und dann meist mit wenigen Strichen mehr angedeutet als ausgeführt worden, das wird hier zum selbständigen Kunstwerk, welches mit feinster Detailmalerei und einem fast modernen Natursinn geschaffen ist. Steht ein solcher Dichter im röm. Alterthum überhaupt als eine seltene Erscheinung da, so wird diese noch auf-

---

*) So habe ich die corrupte Stelle verbessert; die Handschriften lesen: 'conuexis iugis intus sua luce uiridante. hac labitur Penius uiridis calculo.'

fallender, wenn wir bedenken, in welcher Zeit Tiberian lebte.
Eine solche originelle und eigenartige dichterische Kraft in
einem Jahrhundert, welches mehr oder weniger von den
Brosamen lebte, die von dem reichen Tische der klassischen
Muster fielen, ist etwas singuläres.

Hier ereignet sich nun ein merkwürdiger und dem
Litteraturhistoriker interessanter Fall. Fast bei jedem der
obigen Verse fühlt man sich unwillkürlich erinnert an ein
Gedicht, welches in der späteren römischen Poesie ebenfalls
einen durchaus singulären Platz einnimmt, an das in der
Anthologie des codex Salmasianus überlieferte Pervigilium
Veneris. Die chronologische Fixirung desselben unterlag
bisher grossen Schwierigkeiten; ich habe stets die Ansicht
von L. Müller, welcher es ins dritte oder vierte Jahrh. setzte,
für die richtige gehalten. Was in diesem Poem besonders
angesprochen hat und anspricht, ist eine dem Alterthum
sonst fremde Sentimentalität, welche sich mit einer fein-
sinnigen Auffassung der Natur paart. Es ist daher nicht
nur die Gleichheit des Metrum und so mancher Ausdrücke,
sondern vor Allem der ganze Tenor, die nämliche poetische
Anlage und Stimmung, welche es höchst wahrscheinlich
macht, dass der Verfasser des Pervigilium mit dem Dichter
der obigen Verse, mit Tiberian, identisch ist. Es fällt schwer
zu glauben, dass dasselbe Jahrhundert zwei einerseits so
verwandte, andrerseits in ihrer Umgebung so auffallend
hervorstechende, fast modern fühlende Dichter sollte besessen
haben. Wenn man will, kann man auch darin eine Stütze
meiner Hypothese erblicken, dass gerade derjenige Autor,
welcher die meisten Fragmente des Tiberian erhalten hat,
Fulgentius, der einzige ist, welcher das Pervigilium benutzt
hat [Mythol. I praef. p. 11 M. = Perv. 19 f.]. Auch Anderes
ist wohl geeignet, unsere Vermuthung zu kräftigen. Wenn
z. B. Bücheler in seiner Ausgabe des Pervig. p. 51 Aehnlichkeiten zwischen dem Pervigilium und den Eclogen des
Nemesian erkannte, so findet diese Thatsache jetzt ihre Erklärung darin, dass Tiberian den ihm zeitlich nur wenig
voranstehenden Nemesian aller Wahrscheinlichkeit nach ge-
kannt und studirt hat. Weniger fällt ins Gewicht die Gleich-

heit der Behandlung des Versmasses, namentlich in der Zulassung von Spondeen an den ungeraden Stellen, in beiden Gedichten; das ist fast allen Dichtern, die sich später dieses Metrums bedient haben, gemeinsam. Was aber den Umstand anbetrifft, dass die Diktion des Pervig. etwas von der Afrikanischen Latinität an sich trägt, so wissen wir, dass Tiberian einige Zeit in Afrika lebte; vielleicht gehört das Pervigilium zu seinen frühesten Gedichten.

Doch zurück zum Harleianus! Auf Nr. II, welches in der Hdschft. hinter Nr. III steht, folgt noch ein Gedicht, welches mit dem übrigen Inhalt derselben nichts zu thun hat, vielmehr durch das Metrum seinen antiken Ursprung deutlich zeigt. Es liegt kein Grund vor, daran zu zweifeln, dass, wie die beiden vorherigen Stücke, so auch dies zum Verfasser den Tiberian hat, welcher sich in den verschiedensten Metren gefallen zu haben scheint. Und der Inhalt selbst spricht am allerwenigsten gegen diese Vermuthung. Hier ist es.

IIII.
[De auicula.]

Ales, dum madidis grauata pennis
Udos tardius expleat uolatus,
Defecta in medio repente nisu
Capta est pondere deprimente plumae.
5   Cassato solito uigore pennae,
Quae uitam dederant, dedere letum;
Sic, quis ardua nunc tenebat alis,
Isdem protinus incidit ruinae.
Quid sublimia circuisse prodest?
10 Qui celsis steterunt, iacent sub imis!
Exemplum capiant nimis tenendum,
Qui uani et tumidi tonant secundis.

Die Wahl des Hendecasyllabus für ein didaktisches, moralisirendes Gedicht ist nicht gerade glücklich zu nennen; aber darin haben die Späteren nicht selten gefehlt; vergl. L. Müller d. r. m. 103 f. — *Incipit Discriptio de Anicula* ist die Aufschrift. — 1. *madida*. Entweder *madidis* oder *penna*.

— 3. *Daepla in medio.* — 4. *de praemente.* — 5. *Cassata.* — 6. *loctum.* — 7. *arduam.* — 9. *sublima.* — 10. *steterant.* — 11. *tenendo.* 'nimis = ualde'. — 12. *uanis tumidi.* Besser 'sonant'.

Obwohl wir nur wenige Stücke aus der wohl umfangreichen Gedichtsammlung des Tiberian besitzen, setzen sie doch im Verein mit den übrigen Fragmenten uns in den Stand, ein Urtheil über den Verfasser abzugeben. Achtung fordert der Mann, welcher seine Muse nicht der Ergötzung, sondern der Belehrung und Veredlung der Leser widmete, welcher in ernster und strenger Beschäftigung so ungewohnten und spröden Stoffen, wie es die Prometheussage und die Darstellung der socratisch-platonischen Philosophie sind, sich zuwandte; und Entschuldigung findet es, wenn er hierin (nach den erhaltenen Proben zu schliessen) sich im Ganzen nicht über das Niveau des Gewöhnlichen erhob und zuweilen zu rein rhetorischen Deklamationen [Ged. II] herabsank. Als glücklichen und wahren Dichter aber zeigt er sich da, wo er Naturschilderungen gibt; und hier versteht er es auch, ein dem Inhalte adaequates Metrum mit Geschick zu handhaben. Die Polymetrie seiner Gedichte anbelangend, scheint er dem Vorbilde des Annianus und Septimius Serenus gefolgt zu sein; in der Sprache aber ist er, wenn auch nicht frei von den seiner Zeit anhaftenden Eigenthümlichkeiten, doch im Ganzen rein und gewählt. Seine dichterische Selbständigkeit endlich bewährt er dadurch, dass er verhältnissmässig selten Spuren von Nachahmung der Früheren zeigt.

Wohl noch manches Tiberianische Gut mag unter den in der lateinischen Anthologie befindlichen Gedichten stecken; so könnte man geneigt sein, Stücke wie 'ad Oceanum' [A. L. 718 R.] und den in den Handschriften des Solinus erhaltenen Anfang von Pontica [A. L. 720 R.] ihm zuzuweisen; doch bleibt dies naturgemäss höchst unsicher und subjectivem Ermessen anheimgestellt.

Mit grösserer Wahrscheinlichkeit wird man eine Stelle des Servius auf Tiberianus deuten. Zu Verg. Aen. VIII 96 sagt derselbe: 'ostendit adeo perspicuam fuisse naturam fluminis, ut in eo apparerent imagines nemorum, quas Troianae naues secabant. Terentianus:

> natura sic est fluminis,
> ut obuias imagines
> receptet in lucem suam.'

Vergeblich sucht man bei Terentianus Maurus diese Worte; und es ist auch an sich wenig glaublich, dass sie in ihm einst standen. Ich meine, 'Terentianus' ist aus 'Tiberianus' corrumpirt, zu dessen Poesie die Verse vortrefflich passen. Einem neueren Dichter schrieb sie auch L. Müller [Rutil. Namat. p. 55] zu.

Anhang.

Damit man in dieser Zusammenstellung der erhaltenen Dichtungen des Tiberian nicht etwa das demselben mit grosser Probabilität, wie mir scheint, zugewiesene Pervigilium Veneris vermisse, soll es hier anhangsweise folgen. Den kritischen Apparat, den man leicht aus den neueren Ausgaben gewinnen kann, beizufügen, halte ich für überflüssig, zumal ich dazu nichts hinzuzufügen habe; die Noten werden nur meine Aenderungen kurz angeben, resp. motiviren.

V.

[Pervigilium Veneris.]

Cras amet qui numquam amauit quique amauit cras amet.
    Ver nouum: uer iam canorum: uer renactus orbis est.
    Vere concordant amores, uere nubunt alites
    Et nemus comam resoluit de maritis imbribus.
5   Cras amorum copulatrix inter umbras arborum
    Inplicat casas uirentes de flagello myrteo,
    Cras Dione iura dicit fulta sublimi throno.
8 Cras amet qui numquam amauit quique amauit cras amet.
28   Ipsa Nymfas diua luco iussit ire myrteo:
31   'Ite, Nymfae, posuit arma, feriatus est Amor:
32   Iussus est inermis ire, nudus ire iussus est,
33   Neu quid arcu neu sagitta neu quid igne laederet.'
29   It puer comes puellis, nec tamen credi potest
30   Esse Amorem feriatum, si sagittas exuit;

34 Sed tamen, Nymfae, cauete quod Cupido pulcher est:
35 Totus est in armis idem, quando nudus est Amor.
  Cras amet qui numquam amauit quique amauit cras amet.
  Conparis Venus pudore mittit ante uirgines:
  'Una res est quam rogamus: cede uirgo Delia,
  Ut nemus sit incruentum de ferinis stragibus.
40 Ipsa uellet te rogare, si pudicam flecteret,
  Ipsa uellet ut uenires, si deceret uirginem.
  Iam tribus choros uideres feriantis noctibus
  Congreges inter cateruas ire per saltus tuos,
  Floreas inter coronas, myrteas inter casas.
45 Nec Ceres nec Bacchus absunt nec poetarum deus.
  Detinenter tota nox est peruiclanda canticis:
  Regnet in siluis Dione: tu recede Delia!'
  Cras amet qui numquam amauit quique amauit cras amet.
  Iussit Hyblaeis tribunal stare diua floribus:
50 Praeses ipsa iura dicet, adsidebunt Gratiae.
  Hybla, totos funde flores, quidquid annus adtulit,
  Hybla, florum subde uestem, quantus Aetnae campus est!
  Ruris hic erunt puellae uel puellae fontium,
  Quaeque siluas quaeque lucos quaeque montes incolunt.
55 Iussit omnes adsidere pueri mater alitis,
  Iussit at nudo puellas nil Amori credere.
  Cras amet qui numquam amauit quique amauit cras amet.
  Ut recentibus uirentes ducat umbras floribus,

* * *

  Cras erit quom primus aether copulauit nuptias
60 Vel pater totum creauit uernis annum nubibus:
  In sinum maritus imber fluxit almae coniugis,
62 Unde fetus mixtus omnis aleret magno corpore.
9 Tunc cruore de superno, spumeo Pontus globo
10 Caerulas inter cateruas, inter et bipedes equos
  Fecit undantem Dionen de marinis imbribus.
  Cras amet qui numquam amauit quique amauit cras amet.
  Ipsa gemmis purpurantem pingit annum floridis,
  Ipsa surgentes papillas de Fauoni spiritu
15 Urget in nodos feraces, ipsa roris lucidi,
  Noctis aura quem relinquit, spargit umentis aquas.

En micant lacrimae trementes de caduco pondere:
Gutta praeceps orbe paruo sustinet casus suos.
Iam pudorem florulentae prodiderunt purpurae:
20 Umor ille, quem serenis astra rorant noctibus,
Mane uirgineas papillas soluit urenti peplo.
Ipsa iussit mane totae uirgines nubant rosae:
Facta Cypridis de cruore deque Amoris osculis
Deque gemmis deque flabris deque solis purpuris
25 Cras pudorem, qui latebat ueste tectus ignea,
Unico marita uoto non rubebit soluere.
27 Cras amet qui numquam amauit quique amauit cras amet.
63 Ipsa uenas atque mentem permeanti spiritu
Intus occultis gubernat procreatrix uiribus
65 Perque caelum perque terras perque pontum subditum
Praeuium sui teporem seminali tramite
Inbuit iussitque mundum nosse nascendi uias.
Cras amet qui numquam amavit quique amauit cras amet.
Ipsa Troianos penates in Latinos transtulit,
70 Ipsa Laurentem puellam coniugem nato dedit,
73 Unde Ramnes et Quirites proque prole posterum
74 *Romuli matrem* crearet et nepotem Caesarem;
71 Moxque Marti de sacello dat pudicam uirginem;
72 Romuleas ipsa fecit cum Sabinis nuptias.
75 Cras amet qui numquam amauit quique amauit cras amet.
Rura fecundat uoluptas, rura Venerem sentiunt.
Ipse Amor puer Dionae rure natus dicitur.
Hunc ager cum parturiret, ipsa suscepit sinu,
Ipsa florum delicatis educauit osculis.
80 Cras amet qui numquam amauit quique amauit cras amet.
Ecce iam supter genestas explicant tauri latus,
Quisque laetus quo tenetur coniugali foedere;
85 Iam loquaces ore rauco stagna cygni perstrepunt.
84 Et canoras non tacere diua iussit alites:
Adsonat Terei puella subter umbram populi,
Ut putes motus amoris ore dici musico
Et neges queri sororem de marito barbaro.
Illa cantat: nos tacemus? quando uer uenit meum?
90 Quando faciam uti chelidon uel tacere desinam?

Perdidi Musam tacendo nec me Phoebus respicit:
Sic Amyclas, cum tacerent, perdidit silentium.
Cras amet qui numquam amauit quique amauit cras amet.

In neuerer Zeit ist keine Ausgabe des Pervig. Ven. erschienen, welche nicht in der Anordnung der einzelnen Versgruppen eine vom Vorgänger verschiedene Ansicht aufgestellt hätte. Je nach dem individuellen Geschmack hielt man bald diese bald jene grösseren Umstellungen für nöthig. Ueber den subjektiven ästhetischen Motiven steht die Diplomatik, welche in solchen Fällen stets den Ausschlag geben muss.
Allgemein wird heute zugegeben, dass die Verse 59—62 ihren Platz vor v. 9 haben, dass ferner v. 58 in seinem jetzigen Zusammenhang unmöglich ist. Von dieser sicheren Erkenntniss ist für das Weitere auszugehen. Otto Müller, welcher zuerst v. 59—62 vor v. 9 stellte, erklärte den Ursprung der Verwirrung daher, dass ein Schreiber die vorher überschlagenen v. 58, 59—62 später nachtrug. Bei dieser Annahme sind zwei Dinge höchst bedenklich. Vergessenes wurde in der Regel am oberen oder unteren Rande der nämlichen Seite vermerkt; das würde in diesem Falle bedingen, dass die Seite wenigstens 50 Zeilen zählte: eine für die dem Salmasianus (oder vielmehr seiner Vorlage) vorangehende Zeit unmögliche Voraussetzung. Ferner könnte v. 58 bei jener Annahme nur in der vor v. 9 stehenden Partie untergebracht werden. Es ist überhaupt eine eigenthümliche Sache mit v. 58. Er ist an keiner Stelle des Gedichtes zu gebrauchen. Fügt man ihn, wie dies meistens geschieht, zwischen v. 39 und 40 ein, so wird dort etwas Unpassendes gesagt. Der Wald behält seinen grünen Schatten, mag auch Diana noch so viel darin jagen. Und was sollen in diesem Falle die 'recentes flores'? Am ungeschicktesten hat Mähly v. 58 zwischen v. 4 und 5 gesetzt, wovon schon die unliebsamen Wiederholungen von 'umbras' und 'uirentes' hätten abschrecken sollen; so etwas soll man bei einem immerhin der besseren Sorte angehörigen Dichter nicht durch Conjektur in den Text hineinbringen.

Schon vor O. Müller hatte Heidtmann umgekehrt v. 9
—11 hinter v. 62 eingeschoben, wogegen dasselbe diplomatische Bedenken geltend zu machen ist, dass es schwer fällt
zu begreifen, wie drei einzelne Verse soweit von ihrem ursprünglichen Sitze konnten verschlagen werden.

Man wird m. E. hier nur mit der Annahme einer Blattversetzung auskommen. V. 9—27 füllten dieses Blatt aus
und sind hinter v. 62 zu rücken. Es ist eine falsche Meinung,
dass der Dichter mit der Geburt der Venus (59—62 + 8 —
11) habe beginnen müssen; vielmehr zeigen v. 5—7 so deutlich wie möglich, dass der Anfang des Gedichtes nur die
Vorbereitungen der Göttin zur festlichen Feier schildern:
v. 5—7 erhalten durch die unmittelbar an sie anknüpfenden
v. 28—56 ihre Erläuterung.

Hinter v. 58 aber ist eine grössere Lücke zu statuiren,
welche vielleicht mit jener Blattversetzung zusammenhängt.
In dem verlornen Stücke war ohne Zweifel ausgeführt, was
v. 6 andeutet, war wohl auch ein geeigneter Uebergang zu
der folgenden Verherrlichung der Venus enthalten.

Im Folgenden bezeichne ich mit S den Salmasianus,
mit T den Thuaneus, mit Bs meine Verbesserungen.

2. *uer renactus orbis est* Bs: *uere natus iouis est* S *uer
natus orbis est* T; vergl. Fleckeis. Jahrb. 1872, p. 55. —
31 ff. habe ich vor 29 gestellt; ein Abschreiber schweifte
von 'Ite' zu 'It' ab. — 30. *exuit* Bs: *nexerit* codd.; vergl.
Fleckeis. 1873, p. 67. — 39. *Comparis* Bs: *Compari* codd.;
vergl. Fleckeis. 1872, p. 56. Sodann geben die codd. *mittit ad te*,
was nicht zu halten ist, da keine Anrede an die Diana vorhergeht. Bergk nimmt desshalb nach v. 37 eine Lücke an,
Schenkl [Zeitschr. für österr. Gymn. 1867, S. 239] versetzt
v. 37 hinter v. 39. Ich habe mit der leichtesten Veränderung
'ante' hergestellt. Uebrigens hat man noch nicht bemerkt,
dass die folgenden Verse die Botschaft der Venus an die
Diana enthalten. Ich habe deshalb Anführungszeichen gesetzt.
— 42. *feriantis* Scriverius: *feriatis* codd. — 46. *Detinenter*
Schenkl. a. a. O.: *Detinente* S *Detinent et* T. Ich halte die
Schenkl'sche Aenderung, wiewohl das Adverb sonst nicht
nachweisbar ist, für die gelungenste Heilung der schwierigen

Stelle. — 53. *fontium* Bs: *montium* codd. Gewöhnlich verbessert man in v. 54 'fontes'. Allein diese werden passender v. 53 erwähnt. — 56. *at* Bs: *et* codd. — 58. *Ut* Bs: *Et* codd. — 60. *Ut pater totis creauit (crearet* T) *uernis a. n.* codd. In dieser Ueberlieferung ist, da 'crearet' von T offenbare Interpolation ist, zunächst 'Ut' in 'Vel' (Scriverius wollte 'Et') zu ändern: vergl. Rhein. Mus. 31, 102. Während ich früher 'totis' in 'motis' und dann mit Sanadon 'ueris' änderte, glaube ich jetzt, dass eine einzige Verbesserung genügt, nämlich die von Salmasius ('totum' für 'totis'); denn an dem Spondeus an ungrader Stelle wird man jetzt keinen Anstoss mehr nehmen. 11. *marinis imbribus* Rivinus: *maritis imbribus* codd. aus v. 4 und 61. 'imbres' steht hier im Sinne von 'aquae', wie A. L. 211, 8 'Et gelidos imbres proximus ignis habet', durch welche Stelle Buecheler's Bedenken [p. 20] beseitigt werden. 15. *nodos* Scriverius: *notos* S *totos* T — *feraces* Bs: *penates* S *pentes* T; vergl. Fleckeis. 1873, p. 66. 19. *Iam* Bergk: *In* codd. 21. *urenti* Bs: *tumenti* S *umenti* T; 'undanti' Ribbeck. — 24. *flabris* Bs: *flammis* codd.; vergl. Fleckeis. 1873, p. 66. 25. *pudorem* Bs a. a. O.: *ruborem* codd. — 26. *noto* Bergk und unabhängig von ihm Bs a. a. O.: *noto* S *nodo* T. Die Bedeutung von 'notum' = 'nuptiae' in der afrikanischen Latinität ist bekannt. — *rubebit* Bs: *pudebit* codd. — 63. vielleicht 'mentes'. — 65. Der 'pontus subditus' lässt folgende Wortstellung erwarten 'Perque terras perque caelum'. — 66. *Praeuium s. teporem* Bs: *Peruium s. tenorem* T *Peruium sui tenderem* S; vergl. Rhein. Mus. 31, 102. Mit der von Orelli adoptirten Erklärung, wonach 'tenor' aus Pseudocensorin, de nat. instit. I 1 seine Erläuterung erhalten soll, wird nichts gewonnen, wie schon 'sui' zeigt. Auch ist dies Lied frei von philosophischen Gedanken. — 73, 74 habe ich vor v. 71 gestellt. Denn Caesar kann nur der nepos der Venus genannt werden; die Worte 'Romuli matrem' sind hoffnungslos verdorben. — 81. 'supter genestas' verbesserte zuerst Broukhusius zu Tibull II. 1, 62. Bei Calpurnius, ecl. I, 5 'Molle sub hirsuta latus explicuere genista' liest die erste Handschriftenklasse allerdings 'Molliter hirsuta', aber hier (wie übrigens auch sonst) hat die zweite Klasse mit ihrem 'Molle sub' das Echte bewahrt; denn unumstösslich richtig ist L. Müller's Bemerkung, dass selbst ein Stier schwerlich ein solcher Ochse sein wird, sich auf die 'genesta', eine in den südlichen Ländern gemeiniglich sehr stachlige Pflanze, mit seiner Ehehälfte zu legen. — 82. *laetus* Bs: *tutus* codd., was keine passende Erklärung zulässt. Vergl. z. B. A. L. 83, 60 'Coniunx laeta uiro, felix uxore maritus'. — 85 und 84 habe ich umgestellt: vergl. Rhein. Mus. 31, 102. — 90. *Quando fiam ut c. ut t. d.* S *Q. faciam ut c. ut t. d.* T. Was man gewöhnlich dafür schreibt 'fiam uti chelidon', ist nach Bergk's [p. 21] treffender Bemerkung unlateinisch. Es ist dies eine der Stellen, wo ohne Zweifel T getreuer als S (in welchem eine Silbe ausfiel) die Lesart des gemeinsamen Archetypus aufbewahrt hat. Ich habe daher mit Bücheler [Rhein. Mus. XV, S. 449] 'faciam uti' hergestellt. Für das folgende 'ut', welches Schenkl nicht richtig in Schutz nimmt, schreibt Bücheler mit Salmasius 'et'; ich habe auch hier 'uel' gebessert, Rhein. Mus. 31, 102. Sehr hübsch, aber etwas zu gesucht vermuthet Moritz Schmidt: 'quando uer uenit meum? quando? fac sciam, chelidon, ut tacere desinam'.

Nachträge.

Herr Prof. E. Rohde, welcher sich für die Aegritudo Perdicae interessirte und von mir die Druckbogen zur Einsicht erhielt, hatte die Freundlichkeit, mir eine Reihe schätzbarer Bemerkungen mitzutheilen. Da dieselben für den Text nicht mehr benutzt werden konnten, so sollen sie mit der Erlaubniss des Verfassers hier (zugleich mit einigen Berichtigungen und Zusätzen von mir) folgen. Rohde's Noten sind mit R. bezeichnet.

S. 5, Z. 8 lies 'Inlicitos uiolare toros'. — Zu der ganzen Stelle bemerkt R.:

'Den auf S. 9 vorgetragnen Veränderungsvorschlägen bei Dracontius, Hylas 41—44 kann ich nicht zustimmen. 'Juppiter alter erit', so ohne nähere Bestimmung, kann unmöglich bedeuten: ein zweiter Jupiter wird seine eigne Schwester heirathen. Perdiccas, Myrrha, Phaedra brauchen nur genannt zu werden, und Jedermann erinnert sich ihrer eigenthümlichen Vergehungen; mit Jupiter ist es anders. Nicht ohne guten Grund redet der Dichter von ihm genauer: Juppiter alter erit terris de fratre maritus. Hier ist ausser dem auch mir verdächtigen terris (der Plural vollends ist ganz unverständlich) Alles vortrefflich und nothwendig. Was statt 'terris' der Sinn erfordert, ist klar: Junonis. Wie, wenn der späte Dichter sich erlaubt hätte, zu schreiben:

Juppiter alter erit, *Heres* de fratre maritus?

Die Corrumpirung des unverstandnen heres in terris war fast nothwendig. Hera sagt freilich sonst kein lateinischer Dichter; eine späte Inschrift (Wilmanns Exempla inscr. lat. n. 97) bietet: Iunoni sanctae *Herae*. Heres declinirt Dracontius, wie z. B. Andromaches derselbe c. IX 199. Ein verlängertes — it vor anlautendem h hat ja bei diesem Dichter am wenigsten ein Bedenken. — Zu v. 43. 44 finde ich nur eine, diesem stümperhaften Poeten ganz wohl zuzutrauende Ungeschicklichkeit in der Einschiebung des Beispiels der Pasiphaë, welches dem Dichter, der schon im Begriffe war, die Phaedra zu nennen, zur Unzeit einfiel; offenbar verursachte das Verwandtschaftsverhältniss der Phaedra und der Pasiphaë diese unpassende Reminiscenz. — Uebrigens passt zu Phaedra ersichtlich nicht v. 40 priuignoque suo *potiatur* blanda nouerca: Phaedra erlangt ja keineswegs den Besitz des Geliebten. Es ist wohl zu schreiben; *moriatur*: sie verliebe sich sterblich in ihren Stiefsohn. In diesem Sinne steht mori z. B. bei Propert. II 4, 2 (s. dort Lachmann ed. I p. 116); mori aliquo in erotischem Sinne zu sagen wird so gut erlaubt sein, wie perire aliquo'.

Aegrit. Perdicae 5, 6. 'saeue Cupido: Ah dirum i. m. i. c. amorem!' R. — 8, 9. 'Die überlieferten Worte sind mir völlig unverständlich. Der Dichter muss, um den Amor zu veranlassen, seine Pfeile anderswohin zu lenken, diesem die **besondere Grausamkeit** vorgerückt haben, welche in der Ueberwältigung des Perdiccas liege: bei ihm werde Begierde und Pflichtgefühl in tödtlichen Kampf gerathen. Ich schreibe: 'Q. p. n. p. et, perfide, mater, Sit Paphiae quam triste decus arcere furorem', d. h.: Du kennst die Macht der pietas gegen die Mutter (und verwundest den Perdiccas dennoch, daher 'perfide'; 'pietas et mater' stehen in einer Art von ἓν διὰ δυοῖν), und weisst (dass Perdiccas die Liebesbegier überwinden wird, aber auch) eine wie traurige, zum Tode führende Tugend es ist, die Liebessehnsucht abzuwehren'. R. Ich habe 'pietas' im Sinne von 'mater' aufgefasst, als ein in der schwülstigen Diktion der Afrikaner nicht unerträgliches Synonymum des folgenden; 'triste decus' war natürlich auch mein erster Gedanke (vgl. für 'decus' die Note zu v. 105). — 21. 'Das quoque ist müssig; der ganze Anfang 'Hinc quoque' ist wohl nur aus v. 18 hierher verschlagen'. R. — 26. In 'solus' erblickte ich zuerst 'foliis'. Da aber die Wortstellung nur folgende Verbindung 'Daphne foliis Phoebi (= foliis quae Phoebus gestare solet) diffusa' zuliess und mir dieser Gedanke hier doch etwas zu abgeschmackt vorkam, so war, um eine dem folgenden 'myrtus Paphies' entsprechende Verbindung zu erzielen, die Umstellung 'Phoebi Dafne foliis diffusa' nothwendig. Ehe ich mich zu dieser doppelten Aenderung entschloss, suchte ich lieber in 'solus' einen Begriff wie 'luctus'; und auch jetzt, wo Rohde mir dasselbe 'foliis' vorschlägt (ohne Umstellung), bin ich zu dieser Annahme noch geneigter. — 31. 'Vielleicht: fonsque regit medio mota per gramina lapsum; 'lapsum regere' nach Analogie von 'uestigia, iter regere'; 'mota': die Gräser bewegen sich und schwanken, wenn der Bach sie streift. Oder etwa: fonsque regit medio motum per gramina lapsus?' R. — 33. 'Das handschriftliche 'Veneris quid amor' ist richtig: Narcisse und Rose zeigen in ihrer fabulosen Vorgeschichte, was, eine wie funeste Sache, die Liebessehnsucht sei'. R. — 74. 'Wohl: lucosque petisse *Ignorans*: intus u. s. w'. R. — 92. 'Ich schreibe: S. q. i. mutata *est* mente figura'. R. — 91. 'Zum Schmerz ist hier noch keine Veranlassung. Vermuthlich: materni plena decoris (im Unterschied von feurigen Liebesküssen)'. R. Ich habe 'dolor' im Sinne von 'Rührung' aufgefasst. — 'Die Verse 104—111 ordne ich so: 108—110; 104; 105; 111; 106; 107; 112 ff. So erst gewinnt 'tradidit' v. 105 ein Subject, nämlich 'somnus' v. 108 (denn 'nox' aus 101 kann wegen des dazwischen liegenden selbständigen Satzes 103 nicht hierher bezogen werden); 111 ist dann eine allgemeine Sentenz, welche durch 106, 107 weiter ausgeführt wird (106 'ipsi' = 'uigilanti' 101) und deren Anwendung auf Perd. 112 mit dem jetzt erst verständlichen 'tunc *quoque* Perdicam' erfolgt'. R. — 113. 'Ich schreibe: ut possit (Perdica) nec ferre *facem*; 'nec = ne quidem'. R. — 115. 'Ob: quae puer edocuit *mortales cire* Cupido (Seufzer, so schwer wie sie nur Cupido die Menschen gelehrt hat)?' R. — '122—125 ordne und schreibe ich so: En matri narrabo — nefas! tamen ibo coactus. Cedamus! quid? hoc poteris componere uerbis? Aut uox qualis erit? Adgressus namque parentem 'Mater, aue' dicturus ero. quid deinde? tacebo. 'nefas' ist nicht Object zu 'narrabo', sondern ein Ruf des Entsetzens, wodurch 'tamen' erst verständlich wird'. R. — 127—129. 'Die Logik verlangt dass man, mit freilich etwas verschränkter Stellung der Satzglieder, interpungire: satis est quod, nescius ista Commisit culpamque tulit licet ille, nefandam Exegit u. s. w. Oder allenfalls: — licet, ille'. R. In v. 129 könnte man auch vermuthen: Exegit, sese priuat *dum* lumine, poenam. Bs. -- 145. 'Viell.: Post uena *est* temptata: sedet (= quieta est), pulsusque quietus (oder: temptata sedens, p. q.)'. R. — 152, 53. 'Viell.: Hippocrates, illic fuerat qui forte, uetustas Ac uitae spatium longum cui *fecerat* usum, Restitit u. s. w.' R. — 175, 176. 'Zu interpungiren ist wohl: matrem u. c. premebat Per uarios diuisa modos; natumque —. 'per uarios modos = uariis modis' mit einem aus Dracontius bekannten Gebrauch des per'. R. — 179. 'Den sonst nirgends genannten Vater in das Gedicht hineinzuziehen ist bedenklich. Vielleicht: *Limina* tu *partus*. Die Worte 'tu me facis esse parentem' müssen bedeuten: Du bist mein einziges Kind. Ein solches kann wohl 'limina partus' heissen, insofern limen sowohl Ausgang als Ende bedeutet; 'limina' also Anfang und Ende'. R. — 'Zwischen 179 u. 180 scheinen einige Verse ausgefallen zu sein, in welchen die Vermuthung der Mutter, dass Liebe den Sohn krank mache, ausgesprochen war.' R. — 204. 'Wenn die uoces 'pectore clausae' sind, so können sie nicht 'in ore' sterben. Zudem ist 'quae uoces' unmittelbar hinter 'uerba' seltsam. Vielleicht: quae *uix e* pectore lapsa Perdicne u. s. w.' R. Ich dachte an: quae nolunt cedere labris (oder, indem 'quae' Accusativ wird, an: quae nolunt promere labra). Bs. — 207. 'Vielleicht: exesas ardenti *torre* medullas.' R. — 223. 'Viell.: sed quis (aber nur solche welchen —) uigor *illex* u. s. w. Man erwartet, wie zu species und forma, auch zu uigor ein Attribut. uigor illex = reizende Jugendfrische.' R. — 231. 'Viell.: Candidior Progne, *procerior* altera Dirce; vergl. 242.' R. — 249. 'Iussisti scheint ein thörichtes Glossem zu mandasti zu sein. Viell.: *Robora* mandasti.' R. — 281. 'Viell.: sic finis *detur amandi.*' R. — 284. 'Ich vermuthe: laq. met. mihi; *cede* tenebris! 'Komm hervor aus dem Dunkel' ruft P. dem Amor zu, den er durch Erhängen aus seinem Leibe herauszupressen hofft. Dies stimmt zum folgenden Verse: ne te mea uincula *prodant*. In v. 286 stellt er ihm dann die andere Möglichkeit vor (daher 'uel'), dass er im Leibe des P. verharrend mit ihm sterben werde.' R.

Tiberian c. IV (p. 37). 'v. 2 schreibe ich: udos tardius explicat nolatus' R. — ebend. v. 12. 'Der Dichter schrieb wohl: qui *uentis* tumidi *uolant* secundis; das Bild ist vom Schiffe entnommen, das mit schwellenden Segeln vor günstigem Winde dahinfliegt.' R.